国家考古遗址公园
文化旅游研究

席岳婷 著

科学出版社
北京

图书在版编目（CIP）数据

国家考古遗址公园文化旅游研究/席岳婷著. —北京：科学出版社，2020.2

ISBN 978-7-03-063771-0

Ⅰ.①国… Ⅱ.①席… Ⅲ.①文化遗址-国家公园-旅游文化-研究-中国 Ⅳ.①F592.3

中国版本图书馆 CIP 数据核字（2019）第 281289 号

责任编辑：石 卉 吴春花 / 责任校对：贾伟娟
责任印制：李 彤 / 封面设计：有道文化
编辑部电话：010-64035853
E-mail: houjunlin@mail.sciencep.com

科学出版社 出版
北京东黄城根北街 16 号
邮政编码：100717
http://www.sciencep.com

北京科印技术咨询服务有限公司数码印刷分部印刷
科学出版社发行 各地新华书店经销
*

2020 年 2 月第 一 版 开本：720×1000 1/16
2025 年 2 月第六次印刷 印张：13 1/4
字数：272 000
定价：88.00 元
（如有印装质量问题，我社负责调换）

前　言

随着国民休闲时代的到来，中国旅游业正迎来大众旅游新时代、全域旅游新方位和优质旅游新战略的机遇期，"文化遗产与美好生活""景观之上是生活""见人见物见生活""品质、便利、善意、公众享用的生活空间"等新时代旅游发展观念已经深入人心，文化旅游（cultural tourism）已然成为人们感受"诗和远方"的重要路径。同时，在我国区域旅游发展战略与旅游规划中，"国家公园与旅游发展"越来越受到重视，而国家考古遗址公园作为我国大遗址保护领域日趋成熟的一种遗址保护和文化旅游利用模式，逐渐成为国家公园体系的重要组成部分，对彰显城市文化特色、保持文化多样性具有重大意义。国家考古遗址公园是满足现代人历史记忆与情感共鸣的场所，是合理引导公众认识、理解、欣赏并保护大遗址的重要技术手段，促进了大遗址这一珍贵资源在当代的"传承"与"共享"。但在构建大遗址"国家公园"体系的过程中，"遗址保护"和"旅游开发"的矛盾始终存在，国家考古遗址公园"为谁做、做什么、怎么做"这些根本问题一直都是研究热点。因此，基于"国家公园体制"战略和"大众时代"的旅游消费需求，从文化旅游视角关注国家考古遗址公园的"传承"与"共享"，是研究国家考古遗址公园综合功能实现所需要积极探索的。本书基于原真性（authenticity）、场所精神（genius loci）、游憩（recreation）等理论，通过实地调查、文献研究、质性文本分析和统计分析等方法，基于文物保护利用与传承、遗产活化利用、遗产地精神、公众感知和参与、可持续性规划等诸多新形势和新战略，重点探讨和阐述国家文物局公布的首批12处国家考古遗址公园,如何运用文化旅游的策略和保障机制,以公认的、可接受的目标以及适宜的技术方式和方法促进公众对遗产地多样性的理解,更好地实现大遗址的保护、科研、教育和游憩等,让文旅融合的2.0时代成为国民幸福产业的新亮点。

本书共分七章。第一章是绪论,主要包括研究背景和概念界定。第二章是研究述评与理论基础,主要包括相关研究进展、综合功能述评、理论基础研究。第三章是国家考古遗址公园文化旅游发展现状评析,主要包括文化旅游发展概述、问题与矛盾分析、原因与影响因素。第四章是国家考古遗址公园文化旅游发展对策,主要包括提升思路与对策、场所精神塑造、游憩功能提升、多元教育拓展、遗产资源活化、公众满意度测量。第五章是国家考古遗址公园文化旅游解读系统构建,主要包括解读系统构建定位、解读系统构建、解读系统的主体、解读系统的客体、解读案例分享、未来研究趋势。第六章是国家考古遗址公园文化旅游共享平台拓展,主要包括负责任的推广计划、智慧旅游与服务体系、文化旅游的规划匹配、文化旅游风险管理。第七章是阳陵国家考古遗址公园实证分析,主要包括文化旅游现状、问题与对策,公众满意度量化分析以及游憩线路设计。

另外,从旅游研究术语的角度来说,旅游的主体通常指旅游者、游客,在本书的研究中,基于国家考古遗址公园文化旅游共享的主体除了旅游者、游客,还有本地居民,因此参照相关国际文件和研究范式,本书将旅游者和本地居民统称为公众。在本书的研究中,强调将国家考古遗址公园空间转化为公众享用遗产地文化旅游的场所,并尝试为国家考古遗址公园综合功能目标的实现和运营管理提供具有可操作性的策略。

本书是作者的博士学位论文以及文化和旅游部2018年面上项目——"基于公众享用的国家考古遗址公园文化旅游研究"(18TABG004)成果的更新和拓展,同时吸收了作者指导的硕士研究生高宁的学位论文——"国家考古遗址公园游憩管理"的部分游憩述评。硕士研究生高宁、邓斌、宋云霞等参与了实地考察、文本分析、资料整理、文稿编排、文字校对等工作。在写作过程中,本书参阅并借鉴了相关领域专家学者的宝贵成果和重要建议,吸收了他们关于国家考古遗址公园在文化旅游发展方面的经验,在此对他们的付出和贡献表示诚挚的谢意。由于国家考古遗址公园建设还在进行中,很多关于文化旅游的思考会随着实际建设的推进不断更新、完善,在书稿完成之时,前后有些提法和建议也许会有一些改变,如有表述不妥之处,请读者谅解并指正。本书选取阳陵国家考古遗址公园进行实证分析,在此感谢汉景帝阳陵博物院给予的案例支持。特别感谢我的两位博士导师赵荣教授和王建新教授给我智慧的启迪,感谢我指导的已毕业的研究生王媛媛、孙佩、史伟婷、江梅、李利鸽、侯娟协助我完成早期的实地调研、问卷调查和数据分析工作,感谢魏峰群老师、刘颖慧老师对书稿提出的宝贵建议与帮助。同时,也感谢科学出版社在本书出版过程中给予的大力支持与配合。

由于作者水平有限,研究仍有不足和疏漏之处,敬请读者批评指正。

席岳婷

2019 年 7 月

目 录

前言
第一章 绪论 ·· 1
    第一节 问题的提出 ·· 2
    第二节 背景与政策 ·· 5
    第三节 概念界定 ··· 11
第二章 国家考古遗址公园文化旅游研究述评 ··· 27
    第一节 研究进展 ··· 28
    第二节 综合功能 ··· 40
    第三节 相关理论 ··· 54
第三章 国家考古遗址公园文化旅游发展现状评析 ······································· 57
    第一节 文化旅游发展概述 ··· 58
    第二节 问题与矛盾分析 ·· 65
    第三节 原因与影响因素 ·· 68
第四章 国家考古遗址公园文化旅游发展对策 ··· 71
    第一节 提升思路与对策 ·· 72
    第二节 场所精神塑造 ··· 75

第三节　游憩功能提升 ·· 81
　　第四节　多元教育拓展 ·· 92
　　第五节　遗产资源活化 ·· 97
　　第六节　公众满意度测量 ··· 100

第五章　国家考古遗址公园文化旅游解读系统 ··················· 107
　　第一节　解读系统定位 ·· 108
　　第二节　解读系统构建 ·· 114
　　第三节　解读系统的主体 ··· 118
　　第四节　解读系统的客体 ··· 131
　　第五节　解读案例分享 ·· 138
　　第六节　未来研究趋势 ·· 144

第六章　国家考古遗址公园文化旅游共享平台 ··················· 145
　　第一节　负责任的推广计划 ·· 146
　　第二节　智慧旅游与服务体系 ······································· 151
　　第三节　文化旅游的规划匹配 ······································· 156
　　第四节　文化旅游风险管理 ·· 157

第七章　阳陵国家考古遗址公园实证分析 ··························· 161
　　第一节　文化旅游现状、问题与对策 ····························· 162
　　第二节　公众满意度量化分析 ······································· 168
　　第三节　游憩线路设计 ·· 175

参考文献 ·· 181

后记 ·· 197

附录 ·· 199

第一章 绪　　论

> 从最广泛的程度上来说,自然和文化遗产属于所有人。我们每个人都有权利和责任理解、欣赏和保护它的普遍价值。
>
> ——《国际文化旅游宪章》

第一节　问题的提出

在人类发展的历史进程中，古埃及文明、古苏美尔和古巴比伦文明、古印度文明、中华文明这四大文明具有重要的历史意义。然而，前三种文明都因种种原因而未能延续，唯有中华文明波澜起伏，延绵至今，从未中断。源远流长、根基深厚、溯古通今是中华文明的重要特征。今天众多的考古发现与研究，从"中华文明探源工程"到黄河流域、长江流域的考古发掘新成果，为中华文明起源的传承绵延和中华民族的繁衍生息提供了强有力的证明。在经济全球化的背景下，各种文明的融合与竞争更趋激烈。保护本民族独特的文化遗产，维护民族文化独立性，关系到国家文化主权和文化安全（单霁翔，2015）。因此，在可预见的未来，"民族文化"将是一个国家或地区可持续发展最强大的核心竞争力，而文化遗产是代表国家和民族悠久历史文化的"根"和"魂"，承载着民族的认同感和自豪感，体现了民族和国家的存在，事关民族文化的复兴，所以保护好灿烂文明的文化遗产具有重要的精神文化意义。

文化遗产作为稀缺资源拥有不可替代的精神价值，是构建国家文化实力和展现文明独特性的重要载体。从国际层面来讲，文化遗产的社会、文化功能，以及文化遗产作为公共文化产品带来的经济价值已经得到认可。同时，随着经济的发展和人民生活的日益丰富，文化遗产覆盖的范围和产生的影响越来越大。因此，政府、社区和各相关机构、公众如何践行文化遗产真实性、完整性、活态化保护等原则，更好地传播遗产地精神，展现中华民族的文化自觉和文化自信，已经越来越受到关注。

在众多的文化遗产中，考古遗址较早被人们所认知和保护，其中从遗址到大遗址是中国遗址保护工作走向深入的重要环节。有关大遗址的保护与利用、保护规划、保护修复、土地利用、展示体系等理论探索日渐丰富，对中国文化遗产保护理论体系的日趋成熟做出了重要贡献。除技术层面之外，在实践过程中还涉及法律、政策、管理、资金、城市建设、文化建设、社会发展等错综复杂的矛盾，在坚持"保护为主、抢救第一、合理利用、加强管理"的文物工作方针下，大遗址保护需要主动寻找契合点，实现文化领域和经济领域的良性互动，因此从大遗址走向遗址公园是大遗址工作的历史跨越，可以真正实现这些宝贵遗产在当代和子孙后代的可持续共享。虽然大遗址可视化的地表遗存较少，但其蕴含的文化价值非常深厚。因此，让地下的历史走上来，让尘封的历史活起来，让无形的历史显出来，从文化旅游的视角，探索大遗址的文化价值成为文物传承与保护利用的模式之一。2010年10月，国家文物局在全国范围内遴选了一批极具重大考古、历史、科研、教育价值的大型考古遗址，并设立国家考古遗址公园（National Archaeological Site Park），作为全国文物保护的范本。首批12处国家考古遗址公园是集中体现我国大遗址保护、展示和利用的生动案例，呈现出国家考古遗址公园从理念形成、发展到逐渐成熟的过程，对于实现全民共享、整合遗产资源、促进旅游发展、优化生态环境、塑造地域文化特色、改善当地民生等具有重要作用。

但是作为一种新生事物，从国家文物局公布首批12处国家考古遗址公园以来，国家考古遗址公园如何实现"共享"，以及"为谁做、做什么、怎么做"这些根本问题始终都是文化遗产保护领域和各级政府、社会各界关注的焦点。其中，一个重要的现实转变就是国家考古遗址公园的模式改变了过去大遗址作为考古工作基地的单一属性，国家考古遗址公园不仅是考古工作者和文物保护工作者进行考古发掘与研究的场所，还是广大公众共享的文化空间和精神家园。首批大部分国家考古遗址公园在被国家文物局授予"国家考古遗址公园"称号之前，就已经以遗址博物馆、世界文化遗产地、4A、5A级景区等高品质文化旅游区承担着"共享"功能。因此，在拥有新的冠称之后，文化旅游发展如何进一步提升公众对大遗址保护传承的认知度与满意度，如何更好地为公众创造文化遗产与美好生活的体验，文化遗产保护和文化旅游如何融合发展，这些问题的思考对于深化大遗址保护有着非常重要的意义。

现阶段，学界对于国家考古遗址公园的发展走势达成的共识是：国家考古遗址公园不是简单的主题公园、普通的旅游景区或城市公园，要妥善解决考古遗址保护和文化旅游的"和谐相处"、古代文明和现代文明的"和谐共赢"。2018年，国家文物局发布了《国家考古遗址公园发展报告》，报告强调在建设中要树立"突出国家属性、坚持价值优先、弘扬优秀文化、促进融合发展"的基本定位①。文化旅游的本质属性决定了在上述共识和定位中，文化旅游担负着重要的角色，是从遗址考古走向活化利用，实现文化传承与共享的主要助推力量。

国家文物局在2014年和2017年分别对首批12处国家考古遗址公园运行情况进行检视。根据《国家考古遗址公园评估总报告（2011—2013年）》和《国家考古遗址公园发展报告》，国家考古遗址公园发展态势虽然良好，但理论方法、制度设计、技术支撑仍不完备，遗址展示和公园管理水平亟须提升。遗址展示手段单一、设计雷同、可视性差、遗址价值阐释不足、现场展示效果不佳等问题亟待改善。基于遗址现场的展示内容与形式，与人民大众的文化需求仍存在较大差距；如何在业界口味和民众口味之间寻求平衡，仍是需要广泛研究的课题（杭侃，2015）。

本书在对国家文物局公布的首批12处国家考古遗址公园文化旅游的发展状况研究过程中发现，既有的研究将更多的视角集中在国家考古遗址公园的保护规划、展示设计等方面，而针对国家考古遗址公园如何利用文化旅游实现共享的相关研究并不丰富。对部分国家考古遗址公园进行实地访谈和问卷调查发现，公众对"国家考古遗址公园"冠称的认知度不够，对国家考古遗址公园展示信息的接受程度有限，有关公众参与、考古教育、游憩休闲等活动类型不丰富，科研、游憩、教育等功能发挥也不充分。其中，部分国家考古遗址公园的考古成果和知识传播展示不够、文化内涵表现力不强、旅游吸引力不足，导致出现公众访问量有限等问题，并由此延伸出关于国家考古遗址公园的功能定位、运营管理等诸多问题，需要进行深入、积极的探索。

国家考古遗址公园的重点在于保护和展示，忽视精神层面的共享会大大弱化其内涵。大遗址保护强调的是其在人类文明发展史中的意义和地位，其内在价值需要被公众体验和了解。公众应对国家考古遗址公园内的文化遗产充满敬畏，保持与升华其固有的气势与格局是建设方与公众方共有的职责与义务。

因此，本书思考的问题集中在以下几个方面。

---

① 文物局印发《国家考古遗址公园发展报告》[EB/OL]. http://www.gov.cn/fuwu/2018-10/12/content_5329798.htm[2019-08-27].

第一，在不同地域、不同类型、不同利用程度的大遗址成为国家考古遗址公园后，如何选择适宜的文化旅游提升策略与发展理念，从而更好地实现遗产价值的保护传承与共享。

第二，国家考古遗址公园是具有科研、教育、游憩等功能的特定空间，如何从文化旅游视角出发，充分发挥国家考古遗址公园的公益性特征，使其在公共文化服务体系中发挥巨大的作用。

第三，展示与价值阐释是国家考古遗址公园的核心要义，如何在过去传统旅游解说的基础上注入引导公众文化阅读的元素，由"解说"走向"解读"，从"认"到"知"，使公众读懂国家考古遗址公园承载的价值，感受其文化内涵并获得美好体验。

第四，如何通过负责任的推广计划和传播方案提升公众访问量、认知度与满意度，并通过可量化测度的模型反馈展示效用，以保障其功能的充分发挥。

第五，如何使国家考古遗址公园的建设规划与运营管理并重，引入创意元素体现文化价值、活化遗产资源、延伸文化旅游产业链条、反哺大遗址保护事业。

第二节　背景与政策

一、背景

大遗址是文化遗产的重要组成部分，是中华民族悠久历史的载体，凝聚着中华民族自强不息的精神追求。2011年中国共产党第十七届中央委员会第六次全体会议通过的《中共中央关于深化文化体制改革、推动社会主义文化大发展大繁荣若干重大问题的决定》中明确强调，当今世界正处在大发展、大变革、大调整时期，世界多极化、经济全球化深入发展，科学技术日新月异，各种思想文化交流、交融、交锋更加频繁，文化在综合国力竞争中的地位和作用更加凸显，维护国家文化安全的任务更加艰巨，增强国家文化软实力、中华文化国际影响力的要求更加紧迫①。因此,在全球化背景下,文化遗产越来越成为综合国力竞争的因素和社会发展的支撑力量。

中国经济发展迅速,已进入全面建设小康社会时期,文化成为提升我国综合国力的关键因素。我国文化遗产事业的文化、社会、经济三大功能在不断提升。中国旅游研究院的一项研究表明,从近年来对节假日旅游市场的监测结果来看,90%以上的游客会参与各类文化活动,40%的游客会进入文博场所(戴斌,2019)。国内许多文化遗产地通过开展适当的旅游展示活动,拉动了当地住宿、餐饮、交通、土特产加工、工艺品制作等产业。在文旅融合发展的大背景下,文化遗产作为推进文旅融合的重要载体的价值正在彰显。越来越多的人对旅游的认识和感知已经从"看山看水看风景"走向"观文品史享生活",文化旅游被赋予了新的内涵。因此,在深化文旅融合的大背景下,文化旅游是弘扬中华优秀传统文化的有效路径。

从大遗址保护背景来说,大遗址是文化遗产的核心组成部分,具有中国文化遗产保护特色,体现了文化遗产的特征和保护管理工作的实际需要。经过多年的努力,大遗址保护在全国范围内得到广泛推进,实施保护的工作重心从宣传和引导,转入保护方式、方法的研究。因此,如何以更开阔的视野,从区域发展的角度,统筹解决大遗址保护与利用、保护与发展问题具有现实意义。

从国家考古遗址公园运行背景来说,国家文物局在公布首批国家考古遗址公园后,针对运行中存在的保护与建设的矛盾,于2012年发布了《关于进一步规范考古遗址公园建设暨启动第二批国家考古遗址公园评定工作的通知》,要求在新时期、新形势下,进一步规范考古遗址公园建设,推进大遗址保护工作健康发展②。2017年,国家文物局公布了第三批国家考古遗址公园名单,国家文物局局长刘玉珠在浙江慈溪举办的现场工作会上指出,国家考古遗址公园作为中华优秀传统文化创造性转化和创新性发展的重要举措,

---

① 中共中央关于深化文化体制改革的决定(全文)[EB/OL]. http://news.sina.com.cn/c/2011-10-26/001923361344.shtml[2019-08-27].

② 关于进一步规范考古遗址公园建设暨启动第二批国家考古遗址公园评定工作的通知[EB/OL]. http://www.sach.gov.cn/art/2012/12/28/art_2237_23486.html[2019-08-27].

具有鲜明的时代特色，符合中国国情。他要求，地方人民政府要坚决贯彻落实党的十九大精神和新时代中国特色社会主义思想，坚定文化自信，牢记使命担当，坚持文物工作方针，正确认识文物保护与利用的辩证关系，准确把握国家考古遗址公园创建和运行管理的基本要求，注重创新发展，文化传承，积极服务国家经济社会发展大局、全力满足人民日益增长的美好生活需要，不断激发国家考古遗址公园的生机活力，促进国家考古遗址公园健康发展[①]。同时，国家考古遗址公园已被纳入国家重点发展战略决策，被《国家新型城镇化规划（2014—2020年）》列为人文城市建设的重点[②]。

二、政策

本书从文化旅游视角切入大遗址价值的共享问题，缘于国际古迹遗址理事会（International Council on Monuments and Sites，ICOMOS）1999年10月在墨西哥通过的《国际文化旅游宪章》，其取代了1976年版的《文化旅游宪章》。《国际文化旅游宪章》为旅游和著名古迹遗址或收藏之间的动态关系研究提供了指南。宪章出台的背景是，作为文化交流最重要的途径，旅游为我们提供了体验岁月沧桑、了解当代生活与他人社会的机会，日益成为自然和文化遗产保护的积极力量。旅游可以充分发挥遗产的经济效益，并通过创造资金、教育社区和影响政策等方式实现保护的目的，它是许多国家和地区经济来源的重要组成部分，成功的旅游管理可以成为遗产地发展的重要促进因素[③]。目前，中国旅游业已进入转型升级新时期，文化旅游在这一时期蓬勃发展，因此有必要借助背景政策，探讨如何在国家考古遗址公园通过发展文化旅游实现游憩、教育等功能。

2009年，国务院发布的《关于加快发展旅游业的意见》提出，把旅游业

[①] 第三批国家考古遗址公园揭晓 国家文物局：不断激发生机活力[EB/OL]. http://www.ce.cn/culture/gd/201712/04/t20171204_27085073.shtml[2017-12-04].

[②] 中共中央 国务院印发《国家新型城镇化规划（2014—2020年）》[EB/OL]. http://www.gov.cn/gongbao/content/2014/content_2644805.htm[2019-08-27].

[③] 国际文化旅游宪章（重要遗产地旅游管理原则和指南，1999年）[EB/OL]. http://www.whitr-ap.org/index.php?classid=1543&newsid=2317&t=show[2013-02-28].

培育成国民经济的战略性支柱产业和人民群众更加满意的现代服务业[①]。

2009年,文化部和国家旅游局联合出台的《关于促进文化与旅游结合发展的指导意见》明确提出,文化和旅游的深度结合有助于推动中华文化遗产的传承保护,扩大中华文化的影响,提升国家软实力,促进社会和谐发展[②]。

2010年,文化部和国家旅游局推出以"文化旅游、和谐共赢"为主题的"中国文化旅游主题年"系列活动,文化旅游在中国已经引起了广泛重视。国家考古遗址公园作为承载丰富文化信息的载体,在遗产保护与文化旅游发展的道路上越走越宽。

2011年,中国共产党第十七届中央委员会第六次全体会议首次将"文化命题"作为中央全会的议题。

2012年发布的《国家"十二五"时期文化改革发展规划纲要》指出,发掘城市文化资源,发展特色文化产业,建设特色文化城市;积极发展文化旅游,促进非物质文化遗产保护传承与旅游相结合,提升旅游的文化内涵,发挥旅游对文化消费的促进作用[③]。

2012年,十八大报告明确提出,全面落实经济建设、政治建设、文化建设、社会建设、生态文明建设五位一体总体布局[④]。由此可知,文化建设给大遗址保护下的城市发展与文化传承提供了重要契机。

2012年,文化部部长蔡武在贯彻全国文物工作会议精神座谈会上的讲话中指出,要推进大遗址保护与国家考古遗址公园建设,通过政府主导、部门协作、社会参与、市场运作的方式,较好地解决大遗址的可持续发展问题;要推动文物事业日益融入经济社会发展大局,拓展文物传承利用途径;要积极鼓励和支持各地依托文物资源发展文物旅游及相关产业,提供特色文化服

---

① 国务院关于加快发展旅游业的意见[EB/OL]. http://www.gov.cn/xxgk/pub/govpublic/mrlm/200912/t20091203_56294.html[2019-08-27].

② 文化部 国家旅游局关于促进文化与旅游结合发展的指导意见[EB/OL]. http://www.gov.cn/zwgk/2009-09/15/content_1418269.htm[2019-08-27].

③ 国家"十二五"时期文化改革发展规划纲要[EB/OL]. http://www.sach.gov.cn/art/2012/2/16/art_722_110035.html[2019-09-29].

④ 胡锦涛在中国共产党第十八次全国代表大会上的报告[EB/OL]. http://www.npc.gov.cn/zgrdw/npc/zggcddsbcqgdbdh/2012-11/19/content_1743312.htm[2012-11-19].

务，使文物保护成为促进区域经济发展的新亮点①。

2014年，习近平在中共中央政治局第十三次集体学习时指出，培育和弘扬社会主义核心价值观必须立足中华优秀传统文化②。同年，习近平在联合国教育、科学及文化组织（United Nations Educational, Scientific and Cultural Organization，UNESCO）总部的演讲中提出，让收藏在博物馆里的文物、陈列在广阔大地上的遗产、书写在古籍里的文字都活起来③。

2017年，中共中央办公厅、国务院办公厅印发的《关于实施中华优秀传统文化传承发展工程的意见》指出，实施中华优秀传统文化传承发展工程，是建设社会主义文化强国的重大战略任务，对于传承中华文脉、全面提升人民群众文化素养、维护国家文化安全、增强国家文化软实力具有重要意义④。

2018年，国务院办公厅印发的《国务院办公厅关于促进全域旅游发展的指导意见》提出，科学利用传统村落、文物遗迹及博物馆、世界文化遗产、非物质文化遗产展示馆等文化场所开展文化、文物旅游，推动文化体验旅游⑤。这些对于国家考古遗址公园更好地开展文化旅游提供了政策支持。

2018年，国家文物局局长刘玉珠在国家文物局举行的《关于加强文物保护利用改革的若干意见》发布会上提出，这个中央文件，核心是聚焦文物工作的重点难点和改革发展问题，加强顶层设计、制度创新和精准管理⑥，这些对于文化遗产保护传承和国家考古遗址公园建设具有重要的指导意义。

2018年，国家文物局为贯彻《国务院关于进一步加强文物工作的指导意

---

① 文化部部长蔡武在贯彻全国文物工作会议精神座谈会上的讲话[EB/OL]. http://www.sach.gov.cn/art/2012/7/13/art_722_107359.html[2012-07-13].

② 把培育和弘扬社会主义核心价值观作为凝魂聚气强基固本的基础工程[EB/OL]. http://gx.people.com.cn/cpc/n/2014/0226/c179665-20648770.html[2019-09-29].

③ 习近平在联合国教科文组织总部的演讲（全文）[EB/OL]. http://www.xinhuanet.com/world/2014-03/28/c_119982831.htm [2019-09-29].

④ 中共中央办公厅 国务院办公厅印发《关于实施中华优秀传统文化传承发展工程的意见》[EB/OL]. http://www.gov.cn/zhengce/2017-01/25/content_5163472.htm[2019-08-27].

⑤ 国务院办公厅关于促进全域旅游发展的指导意见[EB/OL]. http://www.gov.cn/zhengce/content/2018-03/22/content_5276447.htm[2019-09-29].

⑥ 国家文物局举行《关于加强文物保护利用改革的若干意见》发布会[EB/OL]. http://www.scio.gov.cn/xwfbh/gbwxwfbh/xwfbh/wwj/Document/1639027/1639027.htm[2019-09-29].

见》和中共中央办公厅、国务院办公厅《关于实施中华优秀传统文化传承发展工程的意见》精神，进一步规范国家考古遗址公园创建及管理，开展了国家考古遗址公园评估工作，并形成了《国家考古遗址公园发展报告》，这对于有序推进国家考古遗址公园建设工作提供了很好的目标和方向。

2019年，国务院办公厅印发《关于进一步激发文化和旅游消费潜力的意见》，目的是顺应文化和旅游消费提质转型升级新趋势，深化文化和旅游领域供给侧结构性改革。文件提出了九项激发文化和旅游消费潜力的政策举措，包括：推出消费惠民措施；提高消费便捷程度；提升入境旅游环境；推进消费试点示范；着力丰富产品供给；推动景区提质扩容；发展假日和夜间经济；促进产业融合发展；加强市场监管执法[1]。这些任务对于国家考古遗址公园以高质量的文化和旅游供给增强公众的幸福感具有重要的指导作用。

中国共产党第十九次全国代表大会提出的加强文物保护利用和文化遗产保护传承[2]等都凸显了文化遗产融入大众生活对传承中华文脉、增强文化自信和民族自豪感具有重要意义。而国家考古遗址公园的游憩功能以公众参与、活化环境、保护遗址为终极目的，强调公众对历史文化和生活的感觉体验，进而实现文化遗产的全民共享。

此外，中央财政对大遗址项目资金投入的逐年增加，为大遗址开发设施建设提供了资金保障。随着整体经济的发展和文物财政投入的提高，未来对大遗址项目的专项保护经费还会持续增长。

上述系列利好政策都为国家考古遗址公园建设和文化旅游发展提供了良好机遇。国家考古遗址公园是满足公众日益增长的文化需求的重要载体，而政策机遇则进一步凸显了国家考古遗址公园文化旅游的重要性。因此，国家考古遗址公园在发展建设中，应依据上述文件中的战略和计划，准确定位文化旅游发展思路，充分展示考古遗址的本体特征及文化内涵，让文化旅游成为国家考古遗址公园综合功能实现的重要促进因素。

---

[1] 国务院办公厅印发《关于进一步激发文化和旅游消费潜力的意见》[EB/OL]. http://www.gov.cn/xinwen/2019-08/23/content_5423828.htm[2019-08-23].

[2] 习近平：决胜全面建成小康社会 夺取新时代中国特色社会主义伟大胜利——在中国共产党第十九次全国代表大会上的报告[EB/OL]. http://www.12371.cn/2017/10/27/ARTI1509103656574313.shtml[2019-09-29].

第三节 概 念 界 定

一、大遗址和考古遗址公园的概念

1. 大遗址的概念

大遗址，也称大型古文化遗址，该概念最早来自1997年国务院印发的《关于加强和改善文物工作的通知》，通知中第一次使用了"大型古文化遗址"的提法（黄晓帆，2009）。大遗址也是根据我国考古遗址的特点，提出的具有中国文化遗产保护特色的概念（单霁翔，2010a）。2013年3月，国务院印发了《关于核定并公布第七批全国重点文物保护单位的通知》，核定公布了第七批全国重点文物保护单位1943处。当前，中国共有全国重点文物保护单位4295处[①]。在这些文物保护单位中，数量最多的就是古遗址，大遗址又是其中最具代表性的，规模大、文化价值突出，而且部分遗址已被列入世界文化遗产，成为世界文化遗产的重要组成部分。因为大遗址具有不可再生性、规模体量宏大、价值重大、影响深远，并且携带的历史文化信息极其丰富，因此保护好这些珍贵的大遗址是一项义不容辞的责任。

作为中国五千年悠久历史的典型例证，国家始终重视对各类大遗址的保护，因此每一项保护工作都属于国家行动。财政部、国家文物局联合印发的《大遗址保护专项经费管理办法》指出，大遗址主要包括反映中国古代历史各个发展阶段涉及政治、宗教、军事、科技、工业、农业、建筑、交通、水利等方面的历史文化信息，具有规模宏大、价值重大、影响深远特点的大型聚落、城址、宫室、陵寝墓葬等遗址、遗址群及文化景观[②]。大遗址保护的意义在于认知中国文化之源的地位和不同时段的发展历程，因此保护大遗址势在必行。

---

① 国家文物局公布第七批全国重点文物保护单位[EB/OL]. http://culture.people.com.cn/n/2013/0503/c172318-21356510.html[2013-05-03].

② 财政部国家文物局关于印发《大遗址保护专项经费管理办法》的通知[EB/OL]. http://www.mof.gov.cn/zhengwuxinxi/caizhengwengao/caizhengbuwengao2005/caizhengbuwengao20058/200805/t20080525_42830.html[2019-09-29].

我国对大遗址保护的工作一直处于积极探索和实践中。2006年，财政部、国家文物局共同编制《"十一五"期间大遗址保护总体规划》正式启动了大遗址保护利用的工作[①]。2005年，国际古迹遗址理事会第15届大会形成的《西安宣言》，首次强调应采取有效措施将保护范围扩大至遗产周边环境以及环境所包含的一切历史、社会、精神、习俗、经济和文化的活动[②]。这一新的文化遗产保护理念，将大遗址保护带入了一个新时代。从遗址到大型古遗址，再到今天国家有关大遗址保护行动计划的实施，都在一定层面体现了民族文化自觉和自信的进程。

2. 考古遗址公园的概念

考古遗址公园的概念形成与新时期大力创新文化遗产保护理念密不可分，可以从"考古遗址"和"公园"两个层面去理解。"考古遗址"在国家文物局所著《国际文化遗产保护文件选编》中是指，从历史、审美、人种学或人类学角度看具有突出的普遍价值的人类工程或自然与人联合工程以及考古地址等地方（国家文物局，2007）。由此可知，考古遗址展现的是中华文明的核心要素，是文化遗产保护的重要组成部分。

公园通常是指由政府或公共团体建设经营，供公众游憩、观赏、娱乐的园林。在中国目前已有的公园体系中，近几年发展起来的森林公园、地质公园、湿地公园都是一种以保护为前提，对特殊资源实施展示利用而划定的经营管理区域。

因此，考古遗址的保护传承和公园设立的初衷都是服务公众，公益性特征明显。考古遗址与公园可以互相渗透、彼此协同、和谐共生。将二者特征要素契合后形成的特定空间，称为考古遗址公园。

1983年，由国务院批准的《北京城市建设总体规划》中将圆明园遗址确立为遗址公园[③]。2000年国家文物局批复的《圆明园遗址公园规划》，使得

[①] 关于印发《"十一五"期间大遗址保护总体规划》的通知[EB/OL]. http://www.nbwb.net/info.aspx?Id=2551[2019-09-29].

[②] 大遗址保护西安共识[J]. 中国文化遗产，2009，（4）：1，2.

[③] 单霁翔：让大遗址如公园般美丽[EB/OL]. http://www.sach.gov.cn/art/2009/6/13/art_722_112165.html[2019-09-29].

"遗址公园"概念正式和文化遗产管理联系起来。

2009年6月,大遗址保护良渚论坛在杭州良渚召开,国家文物局第一次将"建设考古遗址公园"作为大遗址保护的途径向社会发出倡导,并形成《关于建设考古遗址公园的良渚共识》[1],进一步深化了建设考古遗址公园的意义。2009年10月,第二届大遗址保护高峰论坛在洛阳召开,并形成《大遗址保护洛阳宣言》,宣言指出,当前在城市核心区和城乡接合部建设考古遗址公园,有助于协调文化遗产保护和城乡经济社会发展的关系,有助于发展文化旅游和相关产业,有助于提升城市文化品位[2]。

目前,中国迎来了一个大众旅游的新时代,国民需要更多的休闲资源与游憩空间,对大遗址保护采用公园的模式,具有鲜明的时代特色。因此,需要建立科学的理念和目标,采取有效的措施和手段。在这方面,国外可以提供很多启示和借鉴。例如,第一个被纳入美国国家公园管理体系中的考古遗址——美国卡萨格兰德遗址,以及日本的吉野里历史公园、德国杜佩遗址公园等大型考古遗址公园。这些考古遗址公园都非常重视保护与传承,通过通俗易懂的展示或活化历史场景等手段,将考古遗址融入社会,使公众身临其境,感受历史文化场景,因此,遗产旅游和文化旅游的方式,可使这些遗址地成为令人流连忘返的游览胜地。

二、国家考古遗址公园的概念

2009年,在大遗址保护工作取得初步成效的基础上,国家文物局提出了"国家考古遗址公园"的概念,并印发了《国家考古遗址公园管理办法(试行)》,文件中明确规定,国家考古遗址公园是指以重要考古遗址及其背景环境为主体,具有科研、教育、游憩等功能,在考古遗址保护和展示方面具有全国性示范意义的特定公共空间[3]。这样的模式有利于促进考古遗址

---

[1] 关于建设考古遗址公园的良渚共识[EB/OL]. http://www.zjww.gov.cn/culture/2009-06-12/184088688.shtml[2019-08-12].

[2] 大遗址保护洛阳宣言[N]. 洛阳日报, 2009-11-02, 第1版.

[3] 国家考古遗址公园管理办法(试行)[EB/OL]. http://www.sach.gov.cn/art/2010/1/6/art_2302_42854.html[2010-01-06].

的保护、展示与利用，规范考古遗址公园的建设和管理，有效发挥文化遗产保护在经济社会发展中的作用。

国家文物局具体负责国家考古遗址公园的评定管理工作，国家考古遗址公园评定的常规程序是，先经国家文物局批准立项，考古遗址公园符合若干条件并且初具规模后再开展评定工作，评定合格者由国家文物局授予"国家考古遗址公园"的称号，并向社会公布。2010年10月，国家文物局评定公布了首批12处国家考古遗址公园和23处国家考古遗址公园立项名单。2013年12月，国家文物局评定公布了第二批12处国家考古遗址公园名单和31处国家考古遗址公园立项名单。为了贯彻国务院《关于进一步加强文物工作的指导意见》和中共中央办公厅、国务院办公厅《关于实施中华优秀传统文化传承发展工程的意见》，切实加强大遗址保护，进一步规范国家考古遗址公园建设，国家文物局在2017年10月编制印发了《国家考古遗址公园创建及运行管理指南（试行）》，文件指出，国家考古遗址公园是我国大遗址保护实践进程中提出的新概念，是我国遗产保护理念的创新和实践。2009年12月国家文物局印发《国家考古遗址公园管理办法（试行）》以来，我国大遗址保护和国家考古遗址公园建设进入新的历史阶段。截至2017年9月，全国范围内共有24处国家考古遗址公园，44处古遗址、古墓葬获批立项建设国家考古遗址公园[①]。2017年12月，国家文物局评定公布了第三批12处国家考古遗址公园和32处国家考古遗址公园立项名单。国家考古遗址公园的建设持续健康发展，截至2018年8月，国家文物局已评定公布了三批国家考古遗址公园（含立项）名单（表1-1～表1-6），共36处公园被评为国家考古遗址公园，总面积为61万公顷。另外，还有24个省（自治区、直辖市）67处公园被列入国家考古遗址公园立项名单。

表1-1 第一批国家考古遗址公园名单（2010年）

序号	所在地区	名称
1	北京	圆明园国家考古遗址公园
2	北京	周口店国家考古遗址公园

---

① 国家考古遗址公园创建及运行管理办法（试行）[EB/OL].http://www.sach.gov.cn/art/2018/1/30/art_2302_42886.html[2018-01-30].

续表

序号	所在地区	名称
3	吉林	集安高句丽国家考古遗址公园
4	江苏	鸿山国家考古遗址公园
5	浙江	良渚国家考古遗址公园
6	河南	殷墟国家考古遗址公园
7	河南	隋唐洛阳城国家考古遗址公园
8	四川	三星堆国家考古遗址公园
9	四川	金沙国家考古遗址公园
10	陕西	阳陵国家考古遗址公园
11	陕西	秦始皇陵国家考古遗址公园
12	陕西	大明宫国家考古遗址公园

表1-2 第一批国家考古遗址公园立项名单（2010年）

序号	所在地区	名称
1	山西	晋阳古城考古遗址公园
2	辽宁	牛河梁考古遗址公园
3	吉林	渤海中京考古遗址公园
4	江苏	扬州城考古遗址公园
5	江西	御窑厂考古遗址公园
6	山东	南旺枢纽考古遗址公园
7	山东	曲阜鲁国故城考古遗址公园
8	山东	大汶口考古遗址公园
9	河南	汉魏洛阳故城考古遗址公园
10	河南	郑州商城考古遗址公园
11	河南	三杨庄考古遗址公园
12	湖北	楚纪南城（含八岭山、熊家冢）考古遗址公园
13	湖南	长沙铜官窑考古遗址公园
14	湖南	里耶古城考古遗址公园
15	湖南	老司城考古遗址公园
16	广西	靖江王府及王陵考古遗址公园
17	广西	甑皮岩考古遗址公园

续表

序号	所在地区	名称
18	贵州	可乐考古遗址公园
19	陕西	汉长安城考古遗址公园
20	陕西	秦咸阳城考古遗址公园
21	甘肃	锁阳城考古遗址公园
22	新疆	北庭故城考古遗址公园
23	重庆	钓鱼城考古遗址公园

表 1-3　第二批国家考古遗址公园名单（2013 年）

序号	所在地区	名称
1	辽宁	牛河梁国家考古遗址公园
2	吉林	渤海中京国家考古遗址公园
3	黑龙江	渤海上京国家考古遗址公园
4	江西	御窑厂国家考古遗址公园
5	山东	曲阜鲁国故城国家考古遗址公园
6	山东	大运河南旺枢纽国家考古遗址公园
7	河南	汉魏洛阳故城国家考古遗址公园
8	湖北	熊家冢国家考古遗址公园
9	湖南	长沙铜官窑国家考古遗址公园
10	广西	甑皮岩国家考古遗址公园
11	重庆	钓鱼城国家考古遗址公园
12	新疆	北庭故城国家考古遗址公园

表 1-4　第二批国家考古遗址公园立项名单（2013 年）

序号	所在地区	名称
1	河北	元中都考古遗址公园
2	河北	泥河湾考古遗址公园
3	河北	赵王城考古遗址公园
4	山西	蒲津渡与蒲州故城考古遗址公园
5	内蒙古	辽上京考古遗址公园
6	内蒙古	萨拉乌苏考古遗址公园

续表

序号	所在地区	名称
7	辽宁	金牛山考古遗址公园
8	吉林	罗通山城考古遗址公园
9	黑龙江	金上京考古遗址公园
10	江苏	阖闾城考古遗址公园
11	安徽	凌家滩考古遗址公园
12	安徽	明中都皇故城考古遗址公园
13	福建	城村汉城考古遗址公园
14	福建	万寿岩考古遗址公园
15	江西	吉州窑考古遗址公园
16	山东	临淄齐国故城考古遗址公园
17	山东	城子崖考古遗址公园
18	河南	郑韩故城考古遗址公园
19	河南	偃师商城考古遗址公园
20	河南	城阳城址考古遗址公园
21	湖北	铜绿山考古遗址公园
22	湖北	龙湾考古遗址公园
23	湖北	盘龙城考古遗址公园
24	湖南	炭河里考古遗址公园
25	湖南	城头山考古遗址公园
26	云南	太和城考古遗址公园
27	陕西	统万城考古遗址公园
28	陕西	龙岗寺考古遗址公园
29	甘肃	大地湾考古遗址公园
30	宁夏	西夏陵考古遗址公园
31	青海	喇家考古遗址公园

表 1-5 第三批国家考古遗址公园名单（2017 年）

序号	所在地区	名称
1	河北	元中都国家考古遗址公园
2	浙江	大窑龙泉窑国家考古遗址公园

续表

序号	所在地区	名称
3	浙江	上林湖越窑国家考古遗址公园
4	安徽	明中都皇故城国家考古遗址公园
5	福建	万寿岩国家考古遗址公园
6	山东	城子崖国家考古遗址公园
7	江西	吉州窑国家考古遗址公园
8	河南	郑韩故城国家考古遗址公园
9	湖北	盘龙城国家考古遗址公园
10	湖南	城头山国家考古遗址公园
11	陕西	汉长安城未央宫国家考古遗址公园
12	宁夏	西夏陵国家考古遗址公园

表1-6　第三批国家考古遗址公园立项名单（2017年）

序号	所在地区	名称
1	河北	中山古城考古遗址公园
2	河北	邺城考古遗址公园
3	山西	陶寺考古遗址公园
4	内蒙古	和林格尔土城子考古遗址公园
5	吉林	磨盘村山城考古遗址公园
6	江苏	龙虬庄考古遗址公园
7	浙江	马家浜考古遗址公园
8	浙江	安吉古城和龙山越国贵族墓群考古遗址公园
9	安徽	寿春城考古遗址公园
10	安徽	蚌埠双墩考古遗址公园
11	安徽	禹会村考古遗址公园
12	江西	吴城考古遗址公园
13	江西	汉代海昏侯国考古遗址公园
14	山东	两城镇考古遗址公园
15	河南	仰韶村考古遗址公园

续表

序号	所在地区	名称
16	河南	二里头考古遗址公园
17	河南	贾湖考古遗址公园
18	河南	庙底沟考古遗址公园
19	河南	大河村考古遗址公园
20	湖北	屈家岭考古遗址公园
21	湖北	石家河考古遗址公园
22	湖北	苏家垄墓群考古遗址公园
23	广东	笔架山潮州窑考古遗址公园
24	广东	方济各沙勿略墓园及大洲湾考古遗址公园
25	广西	合浦汉墓群与汉城考古遗址公园
26	四川	邛窑考古遗址公园
27	陕西	乾陵考古遗址公园
28	陕西	阿房宫考古遗址公园
29	陕西	周原考古遗址公园
30	陕西	杜陵考古遗址公园
31	陕西	石峁考古遗址公园
32	新疆	苏巴什佛寺考古遗址公园

国家考古遗址公园的建设兼顾了大遗址保护和公众日益增长的文化需求，为我国大遗址保护利用提供了一种行之有效的方法，将保护和利用融入社会经济发展中，可以使古老的遗址重新焕发勃勃生机。首批国家考古遗址公园公布以来，这样的模式产生的效果已经得到广泛认可，被视为目前我国文化遗产保护工程中涉及面最广、投资力度最大、惠及民生最广泛的一项创新性工程（单霁翔，2012），国家考古遗址公园的示范效应已经在多种层面逐步呈现。2011年，国家考古遗址公园联盟成立，联盟旨在探索中国大遗址保护的发展道路，共享国家考古遗址建设的成果，每年举办一次，设立不同的主题。截至2018年，国家考古遗址公园联盟已在全国各地举办了八次，分别关注了有关文化遗产与生活、和谐共生、创新与发展、城镇化与大遗址保护、旅游融合与大遗址保护、民生发展与遗址保护、遗址公园的运营与管理、

L&P&A_生活@公园@考古主题，为更好地推广国家考古遗址公园建设的经验做法提供了平台。国家考古遗址公园联盟在历次的宣言或文件中都提到文化旅游对于大遗址保护的动态意义，进一步说明了文化旅游对于国家考古遗址公园综合功能的实现具有促进和带动作用。

三、国家考古遗址公园文化旅游概念界定

1. 文化与旅游的关系

文化是语境十分丰富的词汇，传统认知的文化是指人类在社会历史实践中所创造的物质财富和精神财富的总和[1]。中外学者从不同角度对文化进行了定义，涉及职能、特点、方式等方面。文化的释义很多，一般常用凝聚力、软实力、精神家园等词语做比喻。由此可以看出，文化强调的是精神价值的实现，被认为是非常广泛和最具人文意味的词语。余秋雨（2012）在《何谓文化》中给出的文化定义是：文化，是一种包含精神价值和生活方式的生态共同体。它通过积累和引导，创建集体人格。该定义最大的启示在于，我们要认识到文化在本性上的必然诉求，我们应该重视文化的全民性质、精神价值、引导作用、人格构成、集体积淀，而不能过分注意文化的部门职能、外在方式、积累层面、作品组成、片段享用。这样的内涵解读与国家考古遗址公园建设理念是完全契合的。我们虽处在经济社会，但终极目标都是精神世界的满足，回归到文化的本质，国家考古遗址公园是表现这些精神价值的重要载体。

同样地，旅游也是语境丰富的词汇，国际上普遍接受的艾斯特定义是：非定居者的旅行和暂时居留而引起的现象和关系的总和，这些人不会长期定居，并且不从事任何赚钱的活动[2]。旅游是一种社会现象，随着人类社会经济的不断演进，目前很多研究都聚焦在旅游经济。事实上，旅游最根本的性质是文化性，是需要通过漫游与慢游回归人的休闲本质，这才是人之所以为人的核心。文化和旅游的关系十分密切，文化可以丰富旅游的内涵，而旅游

---

[1] 在线汉语字典[EB/OL]. http://xh.5156edu.com/html5/88682.html[2019-08-27].
[2] "艾斯特"定义[J]. 旅游学刊，1995，（4）：38.

可以促进文化的传承。

因此，站在旅游的角度看文化就是核心价值，站在文化的角度看旅游就是路径与平台。文化与旅游虽然都不是社会新现象，但却有着明显的社会功能，具有"事业"的属性，并且与社会价值观、道德规范、国家安全等方面有关联，它们的发展会对国家形象和软实力产生影响（张广瑞，2019）。

2. 文化旅游的概念简述

文化与旅游的紧密关系使得文化旅游成为知识含量非常高的旅游方式。文化旅游逐渐成为专有名词，成为全球旅游热点词汇。事实上，从罗马时代开始，人们就出于文化原因外出旅行，如访问历史遗迹和标志性文化建筑、参加特殊的节事活动、参观博物馆等，这些都是旅游体验的组成部分。可以说，所有旅游都包含某种文化因素，文化旅游被认为能够给旅游者以及旅游接待社区双方提供更多、更独特的东西，其实质是一种特色鲜明、拥有大众市场的活动。在体验经济时代下，文化旅游作为全新的、知识含量较高的旅游形式，日益受到关注。文化旅游的核心在于，一是独特文化的展示与体验；二是将某种独特的文化内涵及其品牌符号附着于已经存在的人文景观、自然景观和其他旅游产品上，以提高文化旅游的附加值。

2018年3月，文化和旅游部设立后，文化与旅游融合成为热门话题，"诗和远方在一起"成为最诗意的解读。在2019年中国旅游研究院旅游科学年会上，中国社会科学院旅游研究中心创始人、名誉主任张广瑞做了《关于文化与旅游融合的理性思考》主旨演讲，其从文化与旅游的基本定义说起，分析了文化与旅游（或文化产业与旅游产业）的共性与差异，以及文化与旅游的融合方式，梳理了文化旅游发展的历程，为更好地认识文化旅游厘清了思路。他在主旨演讲中提到，文化旅游经历了从小众市场到大众市场、从旁观到体验、从无技能到有技能参与方式的转变，并且衍生出了许多新业态（张广瑞，2019）。目前，文化旅游属于创意旅游的第三代文化旅游方式，更注重人的自我发展和特殊体验，而这些文化需求的满足，很多都是国家考古遗址公园承载的资源特色与优势。

文化和旅游部提出的关于文化和旅游融合的"十六字"方针，即"宜融则融、能融尽融、以文促旅、以旅彰文"，对于发展文化旅游战略，具有很好的指导意义，同时，随着社会的不断进步，文化旅游也被赋予了新的理念和内涵。此外，这种融合已经得到了世界旅游组织和联合国教育、科学及文化组织的认可。

早在20世纪70年代后期，文化旅游开始被看作一个特殊的产品种类，也有学者将文化旅游确定为一项区域旅游规划类型和活动（王明星，2008）。在国家考古遗址公园内的文化旅游是公众出于文化动机而进行的旅行活动，同时，文化旅游能够满足旅游和文化遗产管理双重目的的关系，这是一种合作伙伴的关系。1999年10月，国际古迹遗址理事会在墨西哥通过的《国际文化旅游宪章》更是指出，文化旅游主要指将重点放在文化和文化环境上的旅游，文化环境包括目的地的景观、价值和生活方式、遗产、视觉和表演艺术、工业、传统和当地居民或东道主社区的休闲活动。它可以包括出席文化活动、参观博物馆和古迹遗址并与当地人民融洽交流。它不应该被视为可以在广泛的旅游活动范围内被定义，但包括所有游客在该地点经历的在他们本身生活环境中不曾经历过的感受。

因此，文化旅游是一种基于寻求或分享新鲜而深刻的文化体验的特殊兴趣旅游，不管这种体验是美学的、知识的、情感的，还是心理上的。文化旅游是以文化作为吸引物的特定旅游形式，其活动与某种文化形态相关联，文化旅游是旅游与文化相结合形成的旅游新业态，也是文化和旅游融合最为成功的发展模式（张广瑞，2019）。

事实上，最早的文化旅游发展的经济意义就和文化遗产有关。联合国教育、科学及文化组织的《信使》早在1966年第12期就为联合国第一个以旅游为主题的"世界国际旅游年"活动发了专刊，其头条文章的标题是《文化旅游：尚未开发的经济发展宝藏》（*Cultural Tourism: the Unexploited Treasure of Economic Development*）。文章中首次提出了文化旅游发展的经济意义，当时强调的是如何通过发展文化旅游业来保护文化遗产和促进当地社区获得经济收入。1999年，联合国教育、科学及文化组织的《信使》在合刊中设定了《焦点》专栏，其标题是《旅游与文化：融合的反思》（*Tourism and Culture: Rethinking the Mix*），讨论在文化旅游发展过程中出现的新问题、案例和解决方案，以及如何规范文化旅游的发展（张广瑞，2019）。

因此，通过文化旅游开发满足公众需求的产品，对整个社会的发展起着重要作用。在未来的文化旅游产业发展中，要更多地关注基础的大众文化旅游的开发和创意旅游的开发，通过多元化文化旅游产品的开发，增强公众的文化自信。

3. 国家考古遗址公园文化旅游的定义

文化旅游是国家考古遗址公园在管理方式上应该重视的合作手段。既要实现国家考古遗址公园管理的目标——文化遗产的保护，也要实现文化旅游发展的目标——产品的市场吸引力和商业的生存能力。文化旅游展现的重要载体包括遗址遗迹旅游、非物质文化体验旅游、博物馆旅游、创意旅游等，其对于国家考古遗址公园来说，是文化旅游开展的优质资源。

在国家考古遗址公园的特定空间内开展文化旅游不仅是为了更好地实现保护、科研、游憩等功能，而且还要关注公众的文化旅游感知质量。在体验经济时代下，文化旅游包含某些意愿，涉及公众对遗产和特殊品质的体验或接触，所以文化旅游还是一种追求或探索，最高境界的文化旅游更是对所有文化活动或体验的参与行为，对于国家考古遗址公园来说，尤其如此。

由此概述，本书将国家考古遗址公园文化旅游的定义界定为：以考古遗址公园的考古遗址遗迹资源为支撑，通过考古发掘信息的内涵和展示解读，实现公众历史记忆、游憩感知、科普教育等目的，从而获取深度文化体验与全方位精神享受的旅游。

文化旅游强调公众对文化、生活和历史的感觉体验，应融入参与性的内容，以满足高层次的旅游活动。目前，国家考古遗址公园文化旅游展示的内容多是静态观赏性的历史文化旅游产品，而这并不是共享的全部，因此需要依托国家考古遗址公园丰富的资源开发参与体验性强、富有特色的文化旅游活动，形成不同层次的文化旅游产品，增强公众对大遗址的认知度，进而产生保护意识，并让公众获得文化上的审美体验和景观欣赏。由此，可以进行深度开发，做到文化旅游产品结构升级，使其表现更具科学性和创意性。

四、与考古遗址公园文化旅游相似概念辨析

本书强调的国家考古遗址公园文化旅游包含的功能和表述与很多概念

具有相近性，与此相关的主要概念有遗产旅游、文物旅游、博物馆旅游等。为了界定清楚，下面对相似概念进行辨析。

1. 遗产旅游

遗产旅游是和文化旅游关系比较密切的概念，国外对文化旅游的相关研究很多也是从遗产旅游入手的。在我国，关于遗产旅游比较多的研究是对世界遗产地的关注。王艳平（2008）指出，我们现在所处的时代，是一个高速发展和高度怀旧的"双高"时代，遗产意识在这个时代得到了前所未有的重视。在空间上进行搜索，人们会发现在某些区域上的历史残留、遗留，成为当代人放置与储藏珍贵心情的载体。在时间轴上进行搜索，就不可避免地要与遗产概念相遇，此时的时空交集就生成了一个新的范畴——遗产旅游。王艳平（2008）给出的遗产旅游的定义是：旅游者对遗产地的旅游行为及其所引发的遗产地利益关系者为发展经济、增加属地自豪感和保护遗产所做的一系列努力。从一定程度上来说，遗产旅游与文化旅游的关系很密切，Yale（1991）给出的遗产旅游的定义是：关注我们所继承的一切能够反映这种继承的物质与现象，从历史建筑到艺术工艺、优美的风景等的一种旅游活动。因此，遗产旅游和文化旅游都属于特色旅游方式。遗产旅游侧重于历史（客体性），文化旅游侧重于当代（主体性），遗产旅游是文化旅游中发展最快的形式（王艳平，2008）。有学者指出，遗产使得人们比以往更尊重物质的、活态的文化，遗产通过文化旅游经历了全球化的过程。

2. 文物旅游

《中国文化遗产事业发展报告（2013）》结合社会热点，曾开先河地对文物旅游进行了定义。刘世锦（2012）指出，文物旅游从产业资源的角度可以定义为：以文物为主要吸引物开展符合国家相关法律法规的旅游产业活动，文物必须是旅游活动的主要吸引物。该定义说明三点要求：第一，文物必须是旅游活动的主要吸引物；第二，旅游活动以产业而非事业的方式进行，旅游活动的直接组织者是营利性社会力量而非政府，旅游活动的各项内容必须遵循旅游产业的规定，体现旅游产业的规律；第三，在旅游活动开展中，文物保护是前提，旅游活动及其相关建设和管理必须依法合规，不能影响文物的原真性和完整性。以上三点说明了文物和旅游之间鱼水依存的关系以及开展文物旅游活动的难度，如必须要通过文物旅游这种产业，才能将文物资源和文物产品转换为能被公众直接消费的商品。对于公众而言，文物旅游是感受文化遗产魅力、消费文化遗产的方式之一。同时，文物旅游是对文物保护与利用关系要求很高的产业活动，既要满足保护要求又要遵循产业规律，因此对文物旅游的产业管理必须有多于其他活动的管理方式和内容。

因此，文物旅游外延很广，只要是人文类的景观均被纳入文物旅游。2010年，国家文物局和国家旅游局联合签订《旅游发展与文物保护战略合作框架协议》[①]，更多的时候，文物旅游是作为政策术语，来说明文物系统对旅游产业的经济贡献，因此从学术角度来说，不作为本书深入辨析的要点。

3. 博物馆旅游

博物馆旅游主要是指以博物馆及其衍生物为吸引力因素和载体，吸引公众来博物馆参观，满足求知、增长知识、休闲等目的的所有旅游活动的总称。

在首批12处国家考古遗址公园内，遗址博物馆是遗产价值展示的核心资源，也是考古遗址公园的本质特征表现。这些遗址博物馆大多是国家一级博物馆，对于博物馆发挥教育功能起到关键作用，同时在协调考古科研、遗址保护、社会展示的关系方面发挥了积极作用。单霁翔（2011）指出，早在20世纪50年代，就出现了"遗址博物馆"的称谓。遗址博物馆成为依托考古遗址，以发掘、保护、研究、展示为核心的专题博物馆，同时因为建立在遗址之上，比其他类型的博物馆多了天然的实景与情景感，为公众和考古学者构建了一个大遗址与公众对话的平台。遗址博物馆是国家考古遗址公园共享的实现载体，因此博物馆旅游也成为国家考古遗址公园文化旅游的重要形式。

对于更大范围的考古遗址公园空间来说，博物馆旅游仅是遗址博物馆功能的一种体现方式，除此之外还有更多除了遗址博物馆综合功能之外的文化旅游活动。博物馆旅游是研究国家考古遗址文化旅游的重要组成部分，但文化旅游涵盖博物馆旅游，且比博物馆旅游的内涵更丰富。

---

① 国家文物局与国家旅游局签署战略合作框架协议[EB/OL]. http://www.sach.gov.cn/art/2010/7/9/art_722_108495.html[2019-09-30].

由以上相关概念的比较可以看出，文物旅游更多是政策术语，强调文物资源对旅游业的贡献；博物馆旅游依托博物馆资源，重点发挥教育功能；遗产旅游依托遗产资源，更多关注世界文化遗产地以及工业遗产、农业遗产、非物质文化遗产、20世纪现代遗产等不同遗产类型的旅游发展；文化旅游可以依托包含文物、博物馆、遗产等资源在内的所有文化资源，被认为能够为公众提供更丰富、更独特的旅游体验和服务，因此文化旅游的内涵和外延更为丰富和广泛。

国家考古遗址公园内的大遗址作为珍贵的文化遗产资源，应通过文化旅游的方式实现传承，并惠及民生，使之成为文化共享的平台。

第二章　国家考古遗址公园文化旅游研究述评

> 促进和鼓励参与文化遗产保护和管理的工作,使这些遗产的重要性为东道主社区和旅游者充分理解。
>
> ——《国际文化旅游宪章》

第一节 研究进展

一、国外关于考古遗址公园的研究综述

考古遗址公园的模式在国外早有先例，因此国外关于考古遗址公园的建设和研究相对成熟，对中国考古遗址公园建设和管理有很大的借鉴意义。在国外文献分析中，更多的研究是围绕国家公园和遗产保护进行的。内容涉及很广，包括遗产保护的意义、影响；遗产保护的方法、技术手段；遗产保护相关理论框架的构建，包括分类、立法、考古伦理、水上文化遗产等新理论和新概念。利用中国知网外文数据库进行检索，输入"national heritage park"，涉及的文章主要从国家公园建设、环境、文化管理等方面展开论述，更多的是有关大遗址（great site）以及遗产保护与旅游开发（heritage protection and tourism development）的研究，主要是对文化遗产、遗产旅游、遗址本体保护、遗产管理、遗产网络等进行研究。此外，还有关于国家公园建设的研究，如基于社区的生态旅游管理（community-based ecotourism management，CBEM）、土著管理和决策系统、公众参与、国家历史遗址教育推广计划等。

梳理文献资料可知，国外关于考古遗址公园的研究主要围绕国家公园建设和遗产保护两个方面。内容涉及遗产保护的方法和意义、公众体验、相关理论框架的构建等，并对公园的环境、建设、文化管理等方面展开论述，主要包括文化遗产保护与管理、遗产旅游网络、国家公园的建设等。其研究大致可分为以下三个阶段：初探阶段（20世纪60～80年代）、发展阶段（20世纪90年代）和成熟阶段（21世纪初至今），如表2-1所示。研究方法上由概念性研究逐渐转向运用模型方法的研究。

为了进一步说明文化旅游对考古遗址公园建设以及后期运营的作用和影响，本书选取国外旅游理论研究影响力较大的两种杂志：*Annals of Tourism Research* 和 *Tourism Management*，利用国际权威的检索系统 ELSEVIER 以"题目、摘要、关键词"检索"national park"。研究发现，大多数论文为概念性研究，其中对构造模型、数学模型等方法的使用比重逐年增多。主要开展的

研究内容概括如下。

表 2-1　国外关于考古遗址公园研究发展阶段的描述

发展阶段	阶段特征	主要研究内容
初探阶段 （20 世纪 60～80 年代）	以概念性研究方法为主，研究范围存在局限	国家公园概念界定、公园建设和遗产保护意义等
发展阶段 （20 世纪 90 年代）	研究内容和范围逐渐扩展成形	遗产保护的意义和相关保护理论研究，以及国家公园建设、环境、管理等
成熟阶段 （21 世纪初至今）	理论内容不断丰富，使用各类模型方法的比重越来越大	文化遗产的可持续发展、公众体验、遗产网络、生态旅游管理、公众参与、国家历史遗址教育推广计划等

1. 保护与发展

Ma 等（2009）简要介绍了中国国家公园与其他地区国家公园的异同点，并就不同点展开分析，研究指出了外部规模经济在影响资源使用方面的作用，并指出旅游产品的组合是提高资源使用效率的一种方式。Ramsey 和 Everitt（2008）探讨了在伯利兹的玛雅遗址上发展旅游业的正负面影响，研究发现，虽然发展旅游业有明显的教育和经济利益，但也存在诸多担忧。

2. 可持续发展研究

Lin（2010）重点关注了 1999～2006 年台湾地区五大公园旅游交通的二氧化碳排放量，并针对公园二氧化碳减排问题提出相关建议。Li 等（2008）认为，在世界遗产地被广泛开发以吸引游客的背景下，要更加关注遗产地旅游业发展的可持续性，并且对可能会危及遗产地保护的主要威胁来源，即人口压力、发展地方经济的政策和文物古迹缺乏财政支持进行了鉴定。Kim 等（2007）研究发现，旅游文化景点的多样化参与模式是由社会经济、人口特征、目的地距离等因素决定的。

3. 公众行为特征及量化模型研究

Connell 和 Page（2008）认为，汽车运输是旅游业的重要因素，但汽车观光旅游模式、行为和活动的作用长久以来被人忽视。他们对使用国家公园道路的游客做了基于地图的调查问卷，得到自驾观光旅游的空间格局，并讨论了规划和政策举措对旅游业发展的影响。George（2010）利用桌山国家公园（Table Mountain National Park，TMNP）游览者的调研数据，通过线性回归分析发现，尽管游览者对其人身安全存在担忧，但仍然愿意参观桌山国家公园并推荐给他人。Tsai 等（2010）提出国家公园网站的有效评价模型，并指出要打造高质量网站，国家公园网站均需做出相应提升。该研究不仅提供了量化网站综合效果的综合系统的方法，还为打造理想网站提供了实际有价值的建议。

4. 管理方法及费用定价研究

Schwartz 等（2012）探讨了在许可证游客分配机制下的收益管理原则问题，研究着眼于如何使访问容量受限的旅游目的地的旅行者重视许可证游客分配机制。Peoria 等（2006）探索了在遗产地管理中，游客对遗产地认知的重要性。结果表明，个体的看法理解包括一个关键因素，即对参观动机和讲解预期的理解。Steckenreuter 和 Wolf（2013）研究发现，公园标牌上劝说游客支付公园使用费的信息等说服性沟通能够减少近 50% 的不服从率，并有利于公园各项管理。Park 等（2010）研究的主要目的是预测社会公平判断和价格可接受性的决策。

5. 公众体验研究

Kang 和 Gretzel（2012）探讨了播客旅游对旅游体验的影响，研究发现，即使仅仅通过音频媒体的沟通，也可以影响旅游的体验和管理。同时，专注力也被认为是影响体验质量的重要因素之一。Guttentag（2010）讨论了虚拟现实在旅游业中的六项广泛运用（规划、管理、市场营销、娱乐、教育、可达性和遗产保护）及未来可能遇到的挑战。

6. 开发利用研究

Chaminuka 等（2012）分析了南非克鲁格国家公园附近的农村社区发展生态旅游的潜力。Jimura（2011）指出了世界遗产地的设计对当地社区经济、社会文化、生理和态度产生的变化，以及带来的积极和消极的影响。造成这些变化的主要因素有三个：广泛而快速的旅游发展；世界遗产地对国内游客的强大吸引力；本地居民对文化环境和世界遗产地的保护的态度。

综上所述，*Annals of Tourism Research* 和 *Tourism Management* 对国外考古遗址公园、国家公园的研究重点是保护与可持续发展，这是由考古遗址的特点决定的。近年来，随着国家公园的不断发展，其关注重点逐渐转向游客行为特征研究、管理方法研究、体验研究、费用及定价研究等。另外，对极限旅游、黑暗旅游、奴隶城堡等的研究也初见端倪。同时，国外对考古遗址公园、国家公园的研究虽然以描述性方法为主，但构造模型、数学模型等方法的使用比重逐渐提高，这对本书具有很好的启示与借鉴。

二、国外关于文化旅游的研究综述

本书主要探讨国家考古遗址公园的文化旅游，核心思路在于通过文化旅游的方式进行国家考古遗址公园的建设管理，以更好地发挥特定示范空间的作用。因此，国外关于文化旅游的研究综述也是本书分析的重点内容。

国外关于文化旅游的研究较早，曾被作为专有名词提出。文化的本质涵盖了旅游的很多方面，因此通过文化旅游的方式，人们可以更好地感受大遗址的文化内涵。综合文化旅游已有的文献研究，目前开展的研究主要包含以下六个方面。

1. 概念和综述研究

Stebbins（1996）认为文化旅游者可以分为综合文化旅游者和特殊文化旅游者。在人类学概念中，文化是一种生活方式，文化资源具有有形和无形的性质。

2. 文化旅游地景观形象研究

文化旅游地景观形象研究主要包括社区居民参与以及文化旅游特征的研究。Pitchford（1995）研究了威尔士民族民俗旅游和民族主义的关系。

3. 文化旅游资源及其开发研究

文化旅游资源及其开发研究主要分析社区居民的参与和感知。Herbert（1996）认为遗址遗迹旅游地对有辨别能力的游客具有很强的吸引力。

Besculides 等（2002）通过问卷调查确认文化旅游可以给本地居民带来效益，因此社区的文化旅游氛围很好。

4. 文化旅游者及市场营销研究

文化旅游者及市场营销研究主要是对文化旅游市场的分布、特征、吸引力的研究。Silberberg（1995）指出文化旅游需要有关政策和实践提供保障，如吸引游客、社区合作和相关教育等。Reisinger 和 Turner（2002）推断文化差异对国际旅游的促销非常有用，他们可以提供非常精准的标准以实现定位。因此，旅游市场营销人员可以考虑国际游客的文化背景，进而决定如何吸引国际游客。

5. 文化旅游保护及环境问题研究

加拿大的专家经过研究发现，城市博物馆在教育和文化功能中发挥着巨大作用。因此，对于博物馆的建设，既要考虑公众需求，还要迎合文化旅游多样化的旅游产品需求。

6. 文化旅游管理研究

文化旅游管理研究的重点是政府应该发挥更多的职能。Wager（1995）以著名的吴哥古迹为例，提出了对遗产地保护和管理实行分区制和法律保障的途径。

文化旅游始终是国内外学者的研究重点。为了更好地了解国家考古遗址公园主题范围内文化旅游研究的动态发展，本书选取国外旅游研究界最具影响力和认可度的两大权威期刊 *Tourism Management* 和 *Annals of Tourism Research*，并检索了关于文化旅游的研究文章。经过综合分析，主要开展的研究如下。

（1）文化旅游的感知体验研究

Massara 和 Severino（2013）指出了心理距离如何影响遗产体验，他们采用建构水平理论解释遗产地体验，研究发现心理距离与遗产地体验密切相关。Yang 等（2009）分析了国际游客来华的决定因素，重点研究了世界遗产地和多样化旅游地。研究表明，主要的决定因素包括：游客所在国的收入水平、人口、旅游花费及旅游设施。目的地国的世界遗产会对国际游客产生强大的吸引力，并有显著的游客推动效应。

（2）文化旅游对遗产地城市的价值研究

研究表明，文化在重振城市经济方面起着重要作用，旅游活动正在吸引更多的游客，并使城市变得更有竞争力。Smith（2007）认为文化越来越多地被作为保护遗产和发展新的娱乐中心的平衡工具。此外，还有一些研究将文化旅游作为评估城市文化遗产价值等的重要工具。

（3）文化旅游创意及营销研究

Richards（2011）认为文化旅游正逐渐成为创意旅游。创意改造了传统文化旅游——从有形遗产转向无形文化，并且更多地参与到日常生活。创意旅游的出现，推动了创意产业、创意城市和创意阶层之间的集成。从某种意义上来说，创意旅游是大众文化旅游新的表现方式。

（4）文化旅游行为及管理研究

Stylianou-Lambert（2010）重建和扩大了文化旅游类型学，同时提供了解释不同文化艺术博物馆游客之间微妙区别的一种方法。研究认为，艺术博物馆游客不同于其他各类博物馆游客，文化旅游是日常生活的延伸。van der Ark 和 Richards（2006）根据人们对文化活动的参与度和感知度，对19个欧洲国家的首都城市文化旅游行为和旅游目的地的选择进行分析，并得出三类模型。第一类为"低参与性和高吸引力"，第二类为"高参与性和高吸引力"，第三类为"高参与性和低吸引力"。第二类受访者有最高的文化资本，并可能被视为"特殊的文化游客"，而第三类受访者可能被视为一般文化游客。在市场营销方面，第一类受访者虽然有相对较少的参与，但有高享受度，这种现象十分有趣。Figini 和 Vici（2011）认为，文化旅游可以在中间环节发挥基础性作用，用于分散投资等，并为城市的文化底蕴创造价值。

对两大期刊进行分析可知，人们对文化旅游的发展、影响、价值分析较多，这成为本书通过文化旅游研究国家考古遗址公园游憩、保护、科普等功能的基础。同时，国外对文化旅游的研究以描述性方法为主，较少使用构造模型方法，因此本书在量化模型方面尝试做有益的探索。

与文化旅游相近的遗产旅游在国外研究起步较早，很多都以"heritage tourism"指代"cultural tourism"，许多发达国家也都以遗产旅游作为旅游业的主要形式，因此国外学者关于遗产旅游的研究领域较宽泛。同时，一些研究的方法与思路对国家考古遗址公园建设也有借鉴意义，故本书对遗产旅游的国外文献略作综述。

在中国知网的外文文献数据库中，以"heritage tourism"为关键词，选择旅游学科，研究时段集中分布在 2008 年至今，主要来源为 CSCanada 期刊、Emerald 期刊、美国科研出版社期刊、SPRINGER 期刊、Taylor&Francis 期刊。研究方向与研究内容如表 2-2 所示。

表 2-2　国外遗产旅游的研究方向与研究内容

研究方向	具体研究内容
遗产旅游概念内涵	遗产旅游概念定义；遗产旅游基本理论；遗产与旅游的关系
遗产旅游业管理	政府引导与管理；利益相关者参与
遗产旅游者	遗产旅游者的心理及行为特征；遗产旅游者的体验满意度
遗产旅游地及遗产旅游吸引物	遗产旅游吸引物的研究；解说系统；主题旅游开发；遗产旅游地的开发
遗产旅游新技术的应用	数字技术及网络的应用
遗产旅游教育	遗产的保护与可持续发展

关于遗产旅游的定义，国外学者持不同的见解，主要体现在自然遗产和人文遗产两方面。现阶段，国外关于遗产旅游存在两个学派：①第一个学派是景观怀旧（landscapes of nos-talgia）学派，该学派认为，现阶段是全球经济的不稳定时期，遗产旅游的体验具有原真性的特点，发展遗产旅游在某种程度上可以提供稳定性和安全感；②第二个学派是以 MacCannell（1973）提出的"展示的原真性"概念为中心，该概念是指对场景进行有目的的展示，以使其看起来是原真性的。他认为，旅游者通过遗产旅游来寻求真实，是因为日常生活中充满着不真实。除此之外，Fyalla 和 Garrod（1998）认为遗产旅游是一种经济行为，主要凭借社会文化遗产资源吸引旅游者消费；Chhabra 等（2003）提出遗产旅游应注重遗产原真性，原真性是衡量游客满意度和遗产旅游产品质量的标准；Palmer（1999）认为，遗产旅游是依靠国家的文化遗产吸引物来吸引旅游者，发展遗产旅游可以作为构建与维持国家身份的有力保障，对国家、民族、个人的文化归属与认同具有重要意义；Nuryanti（1996）

认为遗产旅游与当地社区相互依存。这些见解对于国家考古遗址公园建设具有启示价值。

三、国内关于考古遗址公园的研究综述

在中国知网中，以"考古遗址公园"为主题词进行近10年的文献检索，结果显示文献数量为853篇（2009年1月1日至2018年12月31日）。对相关文献进行筛选、统计、分析和整理发现，考古遗址公园相关文献的研究数量总体呈上升趋势，如图2-1所示。研究内容主要涉及国家考古遗址公园的阐释与展示、遗址保护及作用、规划与建设、公众参与、科学发展、旅游开发与利用、与城市的关系等方面，如图2-2所示。研究方法以个案研究和描述性研究为主，并逐步转向定性与定量相结合的方法，如图2-3所示。

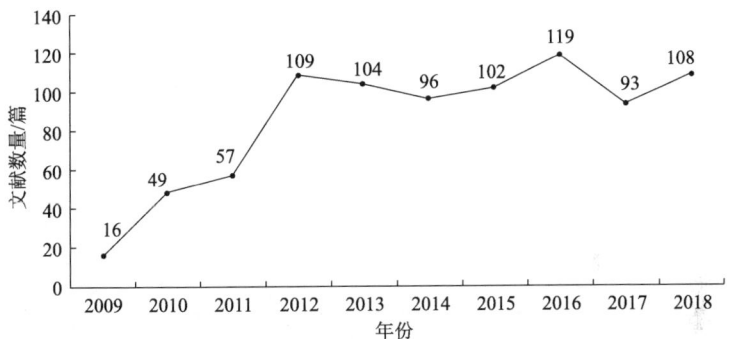

图2-1　2009~2018年国家考古遗址公园文献数量分布图

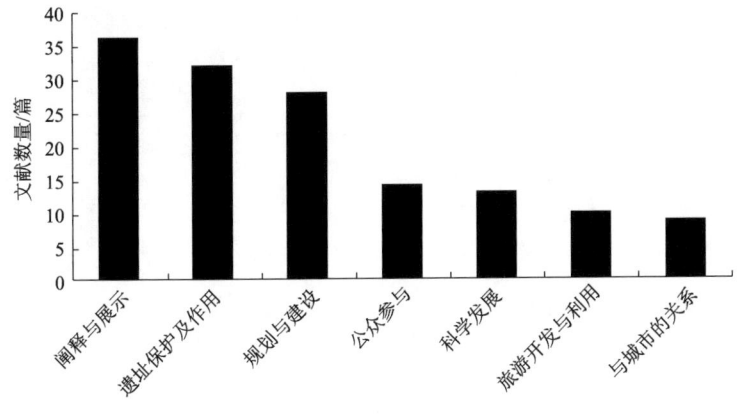

图2-2　国家考古遗址公园研究内容分布图

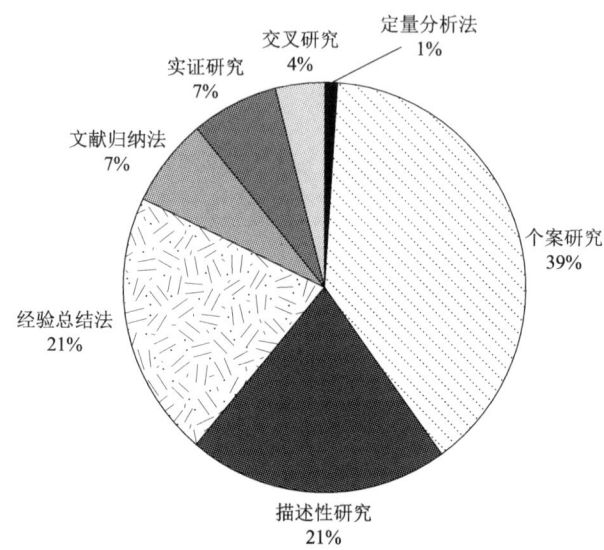

图 2-3　国家考古遗址公园研究方法分布图

我国对考古遗址公园的发展研究大致可分为三个阶段，即萌芽阶段（20世纪80~90年代）、探索阶段（20世纪90年代至21世纪初）和发展阶段（21世纪初至今），如表2-3所示。

表 2-3　国内关于考古遗址公园研究发展阶段的描述

发展阶段	阶段特征	主要研究内容
萌芽阶段	集中在对西方国家保护理念和方法引进后的实践探讨上	考古遗址公园概念的形成和界定
探索阶段	理论研究逐渐充实，以定性研究方法为主	考古遗址公园的规划和建设、旅游开发与利用
发展阶段	研究和认识逐渐深入，研究方法转向定性与定量相结合	考古遗址公园的规划和建设、阐释与展示体系建设、大遗址保护

考古遗址公园是中国对大遗址保护可持续发展的有益尝试。在中国知网中，分别以"考古遗址公园"和"国家考古遗址公园"为主题词进行检索，梳理不同年份的研究文献，主要研究内容如下。

（1）综合战略及考古遗址公园定位研究

考古遗址公园是大遗址保护理念形成与实践的过程，相关研究主要包括：夏晓伟（2011）认为国家考古遗址公园作为大遗址保护的创新模式，在建设过程中,要正确理解国家考古遗址公园的定位,处理好考古遗址与公园之间的关系,确保考古遗址公园的特质属性和发展走向,科学保护、深入研究、有效展示有助于推动中国现代考古学的发展与提升。张国超和谭元敏(2013)认为楚纪南故城国家考古遗址公园建设要注意以下五个方面:选择适宜的建设模式;准确把握建设定位;持续开展考古与保护研究;避免贪多求快;采用特许经营制度。王新文(2013)基于名实问题、遗址公园历史环境"真实性"问题和历史建筑"重建"问题三方面的思考,认为考古遗址公园规划建设中的理论问题应进行深入讨论,包括大遗址保护中历史环境"真实性"的内涵和遗址公园中历史建筑"重建"的可能性意义的讨论。邹明水(2011)阐述了修建考古遗址公园是中国现阶段保护大遗址的良方。张关心(2011)认为目前大明宫遗址的保护已逐步走向成熟,其组织规划及运营管理等方面的经验为考古遗址公园建设提供了有益的借鉴。丛宇等(2012)对考古遗址公园概念中的"考古遗址"与"公园"的定位进行了辨析和界定,突出了考古遗址的重要性。同时,还对我国考古遗址公园的发展历程进行梳理,分析总结各阶段的特征,并对近年来考古遗址公园建设的政策和纲领性文件进行整理,使读者在实践和理论层面对我国考古遗址公园的发展历程有清晰的认识,为考古遗址公园保护模式的探索和发展提供有益的思考。杜金鹏(2010)认为建设考古遗址公园的根本目的是保护遗址、服务考古。考古遗址公园建设必须科学规划、严肃论证、循序渐进、稳妥扎实。考古学家应积极支持考古遗址公园的建设,文物管理部门应对考古遗址公园的建设给予支持、善加引导、健全规章、严格管理。盛春寿(2011)提出建设北庭故城国家考古遗址公园要准确把握自身的定位,完善其游憩功能,重视专业人才的引进与管理,建设服务于民的国家考古遗址公园。

(2)考古遗址公园展示及功能提升研究

申文喜和郭慧丽(2013)以殷墟国家考古遗址公园为例,在调查分析殷墟遗址保护利用现状的基础上,结合殷墟保护规划,提出了殷墟的展示计划、升级文化产业、扩大宣传等构想,以期为实现殷墟文化遗产的可持续性保护与发展,以及打造华夏历史文明传承创新示范区做出一些有益的探索。杨昌鸣等(2013)针对国家遗址公园城墙遗址的保护、展示与利用三方面形成的矛盾,提出直接展现和间接再现两种展示模式,并结合曲阜鲁国故城城墙遗址保护与展示方案设计,将理论与实践相结合,详细阐述和分析了这两种展示模式在实际工程中的应用。左美丽(2012)提出从遗址公园的建设来透视陕西文化文物产业的保护与开发现状,为类似项目提供有益的借鉴。

(3)考古遗址公园规划设计与开发研究

邱建和张毅(2013)以金沙国家考古遗址公园为例,诠释了基于遗址属性的公园植物景观设计特色,在实践中积累遗址保护经验,共享建设成果,并以此为其他类似公园设计提供参考。赵文斌(2012)在风景园林专业的背景下研究了国家考古遗址公园的规划设计模式。贺艳(2010)希望尽早建立考古遗址公园规划专项技术规范,使更多的研究者加入国家考古遗址公园编制工作的讨论中,以保证国家考古遗址公园规划的编制质量。蔡晴(2006)将我国文化景观遗产地划分为历史的设计景观即历史园林及历史风景点景观、有机进化之残遗物(或化石)景观即大遗址景观、有机进化之持续性景观即聚落景观、基于传统审美意识的名胜地景观即风景名胜区四种类型,并认为大遗址景观应根据其规模特征分别以遗址公园与遗址保护区方式实施保护,聚落遗产地的保护应强调生态意识和社区意识等。

(4)考古遗址公园公众考古教育研究

程艳妮(2012)认为汉阳陵推出的针对不同民众的公众模拟考古活动,在建立学生考古乐园、搭建社区和博物馆之间的桥梁、促进文博事业的发展等方面意义重大,是博物馆发挥教育功能的主要途径之一。郑媛(2010)强调了公众考古学在文化遗产保护中的作用,希望通过公众考古学的应用,缓解文化遗产资源危机,拉近与公众的距离。

(5)考古遗址公园建设及管理研究

吕正平(2012)对大明宫国家考古遗址公园的景观布局与旅游者体验进行了分析与介绍,认为要实现考古遗址公园的可持续稳定发展,就要将公园具备的景观功能、公共意义与遗址保护的有效性和原真性融合起来,为寻找遗址风景的道路提供借鉴。王毅(2011)描绘了物联网在金沙国家考古遗址公园未来的发展中可能实现的运用,并对物联网在文化遗产信息化建设中的重要性、必要性、长期性等方面进行了深入的思考。彭历(2011)分析了北京城市遗址公园的发展,强调了文化休闲的意义与内涵。

（6）考古遗址公园考古保护研究

王守功（2012）指出了考古工作在考古遗址公园建设中的作用，强调了考古工作是认知遗址文化内涵的基础；考古过程的公众化使遗址公园更具吸引力；考古工作的持续开展是遗址公园可持续发展的保证。李库（2013）提出汉阳陵博物馆注重公众参与活动，有助于游客揭开考古活动的神秘面纱。

（7）考古遗址公园旅游开发及解说研究

王新文等（2012）对考古遗址公园的旅游产品设计进行了探讨，指出考古遗址公园旅游产品的设计是遗址文化景观的修复与再现。张林鹏和吕正平（2012）对国内外解说牌的研究进展进行了评价，同时结合考古遗址公园内遗址解说牌系统设计的实践研究，提出了国家考古遗址公园在设计解说牌时需要注意的问题，并对今后与遗址相关的解说牌设计提出了建议。张忠培（2010）认为要准确定性、定位国家考古遗址公园，且筹建遗址博物馆时要立足文物的文化建设，并探寻了考古学文化的文化特质和文化演进规律。

（8）考古遗址公园量化分析研究

应岱筠（2012）以大明宫国家考古遗址公园为研究对象，采用层次分析法构建遗址景观评价指标体系，以期为遗址公园的遗址景观规划提供一定的参考。骆志平（2011）以国内外可行性研究的发展为理论指导，运用定量分析与定性分析、理论结合实践的方法，结合项目的具体特征，对长沙铜官窑国家考古遗址公园建设工程的可行性进行了深入系统的研究。

四、国内关于文化旅游的研究综述

国内关于文化旅游概念的研究成果较丰富，但界定的观点不统一，大部分集中在对某地或某一类文化资源的开发经营思路上。针对国家考古遗址公园的文化遗产保护与旅游利用的研究内容如下。

（1）文化旅游理论与方法研究

刘改芳和杨威（2013）在认真分析文化旅游业概念的基础上，应用数据包络分析的理论及方法构建了文化旅游业投资效率模型。露丝·陶斯（2012）根据土地利用、集聚经济、霍特林法则等理论，从供给与需求两个方面讨论了节日、创意城市和文化产业集群以及文化旅游等问题。侯兵等（2011）从物质维度、时间维度和区域维度的三重视角,构建了文化旅游空间形态的分析框架。

（2）文化旅游开发利用研究

石美玉和孙梦阳（2010）通过实证研究指出,应重视对旅游者需求的调查和遗产利用中相关者的利益协调。李和平（2006）从历史文化内涵的显现、历史文化传统的传承、与文化旅游发展的结合三个方面,探讨了历史环境中非物质形态遗产的保护方法。

（3）文化旅游管理及市场研究

王兆峰和黄喜林（2010）认为应大力发展文化旅游创意产业园区,促进旅游纪念品的开发和经营,在旅游商品中加入无限创意；田传茂（2010）认为一名合格的文化旅游翻译工作者,应灵活运用各种翻译方法,以实现文化旅游翻译的根本任务,即实现景点对外宣传、开辟和拓展国际旅游市场的目的。陈楠等（2008）选取禅宗少林音乐大典为研究对象,研究了公众对传统文化旅游产品的评价与整体满意度。

五、总结与探讨

通过对有关考古遗址公园与文化旅游研究的文献进行分类和分析讨论,发现考古遗址公园方面的文化旅游研究成果逐渐丰富。考古遗址公园的实践建设先于理论分析,因此国内外有关期刊文章虽都有不同深度与角度的研究,但更多的是关于考古学、遗址保护、博物馆展示、国家遗址公园规划理念、工程设计与施工、艺术风格定位、建设项目质量管理与控制等方面的研究,从遗址公园的角度研究文化旅游发展的文献还不够丰富。未来,国家考古遗址公园本身强调的科研、教育、游憩功能如何提升,是需要长期关注的问题。

第二节 综合功能

一、从"国家公园"制度说起

国家考古遗址公园是中国大遗址保护可持续发展的必然出路。尽管大遗址是中国特有的政策术语，但很多发达国家对本国的历史遗址遗迹也建立了管理体系，特别是国家公园管理体制。从规范性和管理效果来看，美国和日本的研究成果对于我国国家考古遗址公园的理念形成与实践探索具有一定的借鉴意义。因此，为了更好地阐释国家考古遗址公园的建设理念与创新实践认识，对其概念的认知首先应从"国家公园"制度谈起。

国家公园的概念源自美国，最早由美国艺术家乔治·卡特林提出。1832年，他对美国在开发中对于印第安文明和自然环境的保存表示担忧，开始呼吁它们应该被完整地保护起来，倡导设立国家公园，使所有的一切都处于原生态，体现自然之美（林洪岱，2009），这个观念被美国政府接受。1872年，美国建立了世界上第一个国家公园——黄石国家公园，这很好地体现了美国对自然遗产的尊重。

美国国家公园管理局（National Park Service）的重要使命之一，就是保护国家公园系统内的自然与文化资源及其价值。从黄石国家公园到蓝岭大道、华盛顿纪念碑、葛底斯堡国家军事公园和克拉拉·巴顿国家历史遗址，这些公园或遗址通常被称为象征美国自然和文化的至宝。设立国家公园的主要意义和作用可概括为：景观资源的保存与保护；资源环境的考察与研究；旅游观光业的可持续发展。国家公园已成为一项具有世界性和全人类性的文化与自然的保护运动，并形成了逐步推进的保护思想和保护模式。美国国家公园管理局有各种支持运作的国家规划中心，如国家游憩与资源保护中心、解说设计中心、文化资源中心、合作伙伴服务中心。同时，美国国家公园管理局还将不同的公园单位列表，其中很多与中国国家考古遗址公园的遗址遗迹类型类似，如表2-4所示。

表2-4 美国国家公园管理系统中的公园类型

公园类型	属性特征	代表性国家公园名称
国家公园（National Parks）	具有丰富资源的大型自然风景区	黄石国家公园、大雾山国家公园
国家纪念碑（National Monuments）	单一的具有全国性意义的资源	华盛顿纪念碑、自由女神铜像国家纪念碑
国家保育区（National Preserves）	在性质上与国家公园相似	迪纳利和大柏树国家保护区

续表

公园类型	属性特征	代表性国家公园名称
国家纪念馆（National Memorials）	纪念重要的历史人物或事件的地方	林肯纪念馆、珍珠港亚利桑那纪念馆
国家历史遗址（National Historic Sites）	与主题直接相关的历史遗址	金门国家历史古迹、福特剧院国家历史古迹
国家历史公园（National Historic Parks）	跨越单一地产或建筑的历史性公园	民兵国家历史公园、克朗代克河淘金热国家历史公园
国家战场（National Battlefields）	包括国家战场遗址、国家战场公园和国家军事公园，为了保护和纪念重要的军事行动而建立	里士满国家战场遗址公园、葛底斯堡国家军事公园
国家海岸（National Seashores）	大西洋、太平洋及墨西哥湾海岸地区，这些海岸有的已经被开发，有的仍是原始海岸。在这些海岸地区，有时是允许捕鱼的	哈特拉斯角国家海岸、帕德雷国家海滨、雷伊斯角国家海岸
国家湖滨（National Lakeshores）	在五大湖地区，性质与国家海滨相似	阿波斯尔群岛国家湖滨、印第安纳沙丘国家湖畔
国家公园大道（National Parkways）	两边风景优美的公共用地的道路，用于慢速旅行，常与文化遗址具有密切联系	蓝岭国家大道、乔治·华盛顿回忆之路
国家河流（National Rivers）	在全国受保护的重点河流范围内的全国性的、原生态的、景色优美的且可供游憩的河流	乔治国河、密西西比河游憩区、里约格朗德野生河流风景区
国家步道（National Trails）	国家授权的历史名胜步道	阿巴拉契亚国家步道、圣菲国家步道
国家游憩区（National Recreation Areas）	靠近人口密集区，多建立在与重点保护的历史、自然资源相关的场所，且可为公众提供户外游憩的区域	特拉华峡谷国家游憩区、金门国家游憩区

资料来源：Moore 和 Driver（2012）

美国的国家公园体系涵盖了国家公园、历史地段等不同类型，有1亿多个博物馆藏品、150多万个考古地址、2.7万个历史遗址，几乎代表了全国最杰出的历史和自然资源，每年接待游客达3亿人次，带动地方经济作用凸显，可以直接和间接提供20多万个工作岗位，产生100多亿美元的产值（林洪岱，2009）。对于人们之前担心的保护与使用的两难困境，《国家公园局组织法》明文规定，保护自然和历史资源，并在保护的同时以一种不会对被保护对象造成损害且不影响后人的方式开发这些资源。

对于游憩使命的问题，美国国家公园管理局的理解为：户外游憩活动的进行，并不会危及该地资源的完整性。美国国民调查显示，美国国民支持美国国家公园管理局重视资源保护的行为，如表 2-5 所示。

表 2-5　美国国家公园存在的重要原因及其支持率

存在的重要原因	支持率/%
为后代保护美国最重要的场所	88
保护野生动物栖息地	78
保护自然生态系统	73
保护空气和水的质量	73
提供享受自然、聆听自然的机会	72
保护国家的文化和历史	70
为人类传授自然、历史、文化知识	69
保护历史建筑和遗址	66
展示环境友好型管理实践	53
提供游憩机会	49
为科研工作提供自然环境	46
为旅游业创造收入	14

资料来源：Haas 和 Wakefield（1998）

如今，作为一种制度和发展模式，美国国家公园的思想和体系被世界上许多国家接受并使用，如德国的国家公园管理处、日本的国家公园系统，韩国、澳大利亚、新西兰等都设立专门机构管理国家公园。

在中国，森林公园、地质公园、自然保护区、湿地公园、风景名胜区、生态示范区、海洋型保护区、考古遗址公园等都可看作国家公园的表现形式。其中，考古遗址公园内各自的遗址遗迹类型虽不同，但都是为了保护珍稀独特的资源。从国家公园设立的初衷可以看出，最核心的理念是如何对国家资源进行更好的保护与合理利用。

二、国外经验对中国考古遗址公园发展的启示

由国内外文献综述和国家公园制度的分析可知，考古遗址公园重在保护区域内文化遗产的完整性，并且经过适度开发，能够为公众提供精神的、科

普教育的、娱乐的和游览的场所。这种重点表现文化历史遗址保护区的方式，在中国正在成为大遗址保护的创新实践模式，对考古遗址价值的传承与共享发挥着积极的作用。

事实上，为了更好地引导国家考古遗址公园实现传承价值，从文化旅游的视角，要求考古遗址公园能将考古遗址珍贵脆弱性的保护、文化生态的原始性、公众的文化旅游感知等问题有机结合起来，真正成为保护并弘扬民族传统文化、帮助公众传承与共享遗产价值的示范区。考古遗址公园在中国践行只有几年时间，因此需要更多的摸索与实践。而国家公园制度已在全球范围内被证明是平衡公共资源开发与保护的成功模式，美国、日本、德国等均有很多先进的理念与制度，尤其是管理经验值得借鉴。

王蕾和苏杨（2012a）指出，美国是世界上公认的最早以国家力量介入文化与自然遗产保护，并建立国家公园体系的国家，同时也是比较成功的国家。因此，这些"美国之美"的要素在彰显文化价值方面，无论是经验还是教训均值得思考或借鉴。美国国家公园最大的管理理念就是"公益性"，这是其发展积极倡导的，这一点从美国黄石国家公园大门上镌刻的保护宗旨："为了人民的利益和快乐"就可以感受到。

美国有较为完善的法律基础，几乎每一个国家公园都独立立法，从决策、规划、项目审批到经营均有规范可依；美国国家公园管理局负责具体的事务，系统内有各研究领域的专家对公园的设立、规划、保护、利用和管理进行长期的研究；以国家重要性、适宜性、可行性和不可替代性的标准，慎重接纳希望进入国家公园体系的自然或文化遗产地；为了体现公益性，资金的主渠道是联邦财政（约占70%），所以美国国家公园多数都是免费开放，即便收费也很低廉，且费用主要用于资源保护；美国国家公园的旅游规划有着明确的发展思路，强调要保护国家的文化遗产，并在保护的前提下提供观光机会；美国国家公园管理局下的丹佛规划设计中心担负着整个公园的规划设计，其成员为社会学、人类学等方面的专家，以利于保障规划设计的质量；美国国家公园始终强调采取各种措施避免或最大限度地缩小人类活动给国家公园带来的不良影响，当有冲突时，优先实施保护。美国国家公园以特许经营的方式委托企业管理，防止重经济效益、轻资源保护的情况出现（孟宪民，2007）。

具体到考古遗址公园，美国大多采取"原貌"保存，保持遗址出土和原始状态。例如，美国芒德维尔考古遗址完整地保存了印第安人的土墩，人们只能步行或骑自行车沿遗址内的小径参观，但这并不影响公众的体验。遗址公园借助先进的文物技术更新了主题博物馆，利用三维技术构建和展示了印第安人的世界，并通过舞蹈、传统技艺、大型庆典等体验旅游项目表现印第安文化，同时还有详尽的网页展示遗址遗迹、博物馆、特色纪念品、庆典活动等（朱晓渭，2011a）。

朱晓渭（2011a）认为日本的考古遗址公园制度非常详尽，尤其是公众的可观赏性和遗存环境的展示理念值得借鉴，它们通常采用复原和重建的方式来再现历史。例如，日本吉野里历史公园采用遗址原址展示和历史建筑的仿建来表现文化。特别地，在文化旅游展示方面，吉野里历史公园复建了"环壕和村落"，以及能够体验各种娱乐项目的"古代荒原"等古环境。另外，英国、德国、澳大利亚、法国等国家的遗址公园都十分注重展示与管理以及文化旅游的开展，通过建立公园和博物馆的方式保护遗址，注重建筑外部造型与遗址遗迹的协调，还通过文化表演、技术演示、考古培训课程、历史文化活动、实验考古等活动让公众感受古代的灿烂文明。

由此可知，国外经验对于中国考古遗址公园的文化旅游展示有很大的启示。虽然每个国家的展示与管理各有特色，但都是以遗址公园内珍贵的遗址遗迹为本体，在保护的核心前提下，通过丰富的展示活动，实现静态与动态结合、硬件与软件结合，以体验和参与为手段，融入现代技术，将公众引入美好的境界，从而获得精神上的最大共享与共鸣。

因此，中国的考古遗址公园应建立符合中国国情的管理制度，完善考古遗址公园的立法与相应的法规政策，并对与之发展过程中关系密切的土地管理、资金来源、资源保护与游憩的动态关系维护，以及文化遗产保护与文化旅游协同共生、平衡保护利用关系、社区参与、规划编制等要素给予充分的重视，真正实现文化遗产价值的共享与传承。

三、国家考古遗址公园的功能定位

国家考古遗址公园作为中国实践先于理论的大遗址保护模式，强调大遗址保护与城市规划建设、经济社会发展之间的有机契合，值得从多学科角度探索，使其促进文化遗产与自然、城市和人类的和谐共生。因此，把握好考古遗址与公园的关系，对考古遗址公园的功能进行定位，是决定国家考古遗址公园本质属性与发展走向的关键所在。

1. "共享"是贯穿国家考古遗址公园定位的总体核心理念

考古遗址是全民共有的珍贵的文化遗产资源，文化遗产作为社会文明进步的载体，对于优秀文化的传承以及社会建设、经济建设、政治建设、生态文明建设具有决定性作用，这一点在2006~2019年我国文化和自然遗产日①主题中都有所体现，如表2-6所示。国家考古遗址公园是大遗址保护的创新模式，而"共享"是国家考古遗址公园定位的核心理念，其突出了国家属性，明确了大遗址是中华文明源远流长的文化坐标。

表2-6　2006~2019年我国文化和自然遗产日主题

年份	文化和自然遗产日主题
2006	保护文化遗产，守护精神家园
2007	保护文化遗产，构建和谐社会
2008	文化遗产人人保护，保护成果人人共享
2009	保护文化遗产，促进科学发展
2010	文化遗产 在我身边
2011	文化遗产与美好生活
2012	文化遗产与文化繁荣
2013	文化遗产与全面小康
2014	让文化遗产活起来
2015	保护成果 全民共享
2016	让文化遗产融入现代生活
2017	文化遗产与"一带一路"
2018	多彩非遗，美好生活
2019	非遗保护 中国实践

---

① 2006年，设立文化遗产日；2017年，调整设立文化和自然遗产日。

另外，国际古迹遗址理事会是古迹遗址保护和修复的国际非政府组织，也是联合国教育、科学及文化组织世界遗产委员会的专业咨询机构之一，它强调了文化遗产共享的意义，特别是古迹遗址保护的必要性和益处。1982年，国际古迹遗址理事会提出将每年的4月18日设为国际古迹遗址日（The International Day for Monuments and Sites）。1983年11月，联合国教育、科学及文化组织通过该提案，目的就是促使更多的人关注遗产的保护与共享。2001年以来，国际古迹遗址理事会每年都会从濒危的文化遗产中选择一种，参考文化遗产影响评估报告、年度风险报告等内容，设立主题，组织活动。例如，2017年是联合国大会确定的"国际可持续旅游发展年"，也是世界上首次以联合国名义确定的主题旅游年，这一点与国家考古遗址公园定位的核心理念相契合。2001～2019年国际古迹遗址日主题均体现出对各类文化遗产的重视，如表2-7所示。这些主题对于丰富文化遗产多样性认识、拓宽国际化视野、吸取国外先进经验、促进国家考古遗址公园遗址保护理念和实践具有很好的借鉴价值。

表2-7　2001～2019年国际古迹遗址日主题

年份	英文主题	中文表述
2001	Save our Historic Villages	拯救我们的历史村镇
2002	20th Century Heritage	20世纪遗产
2003	Underwater Cultural Heritage	水下文化遗产
2004	Earthen Architecture and Heritage	土建筑遗产
2005	40th Anniversary of ICOMOS	国际古迹遗址理事会成立40周年纪念
2006	Industrial Heritage	工业遗产
2007	Cultural Landscapes and Monuments of Nature	文化景观和自然纪念物
2008	Religious Heritage and Sacred Places	宗教遗产与圣地
2009	Heritage and Science	遗产与科学
2010	Heritage of Agriculture	农业遗产
2011	The Cultural Heritage of Water	与水有关的文化遗产
2012	World Heritage	世界遗产
2013	Heritage of Education	教育遗产

续表

年份	英文主题	中文表述
2014	Heritage of Commemoration	纪念性遗产
2015	50th Anniversary of ICOMOS	国际古迹遗址理事会成立 50 周年纪念
2016	Heritage of Sport	运动遗产
2017	Cultural Heritage & Sustainable Tourism	文化遗产和可持续旅游
2018	Heritage for Generations	遗产事业继往开来
2019	Rural Landscapes	乡村景观

资料来源：4·18 国际古迹遗址日主题解析[EB/OL]. http://www.sohu.com/a/307569682_501362 [2019-10-07]

2. 考古发掘保护与科研功能持续是国家考古遗址公园运行的前提

国家考古遗址公园的建设始终要坚持文物本体安全和文物价值优先的原则，因此考古发掘保护与科研功能是国家考古遗址公园运行的前提。若重开发利用，轻保护研究，则必然本末倒置。一切设计都要符合遗址文化定位和价值评估的要求，以文化旅游活动推动国家考古遗址公园科研、教育、游憩等功能的实现。

3. 文化旅游解读是国家考古遗址公园阐释与展示的重要技术手段

国家考古遗址公园大多为土质文物，可视化元素的缺失，使得这些土质文物的信息很难立刻让公众理解，必须通过阐释与展示引导公众理解、欣赏和保护文化遗存。因此，借助解读的手段可以帮助公众掌握考古信息并了解和认识文化遗产的价值。

4. 为公众提供游憩机会是国家考古遗址公园畅体验的关键

思想、精神的创新是游憩的精髓，它可以为公众提供游憩机会，引导公众获得畅体验，增强公众的文物保护意识和了解考古学知识的兴趣。因此，单一的静态陈列难以满足这些需求，未来的展示产品功能注重公众的参与性和审美体验，并将考古信息与文化理念贯穿于游憩机会中，可使公众获得更好的旅游体验，达到"人"和"心"的完美契合。

5. 多元化教育功能是国家考古遗址公园实现文化传承的重要内容

利用国家考古遗址公园平台，充分发挥游憩教育、公众考古教育等多元化教育的社会功能，可以缩短考古与社会的距离，体现公众考古学与景观考古学的社会价值。王巍（2008）认为中国现代考古学的发展方向是科学化、国际化、大众化，这样的定位与考古遗址公园的目标定位和未来发展是完全契合的。考古工作者不仅是发掘者、研究者和保护者，还应是教育者、传播者和管理者，他们肩负着促进遗产保护与社会、经济、文化、生态发展和谐共生、使其相得益彰的社会责任。

四、国家考古遗址公园与相似功能空间分析比较

1. 国家地质公园

地质公园是以具有特殊的地质科学意义、稀有的自然属性、较高的美学观赏价值、具有一定规模和分布范围的地质遗迹景观为主体，并融合其他自然景观与人文景观而构成的一种独特的自然区域（马丽艳等，2018）。地质公园的建立是以保护地质遗迹资源、促进社会经济的可持续发展为宗旨，具有保护地质遗迹、普及知识、开展旅游观光、发展经济、服务社会等积极意义。

截至 2019 年 9 月，我国正式命名的国家地质公园增至 214 处[①]。国家地质公园与国家考古遗址公园一样都是出于对某种特殊资源的保护，且考古遗迹与地质遗迹的开发都要考虑保护与开发的和谐共生关系。二者都是不可再生的珍贵资源，通过合理的开发利用都可以为公众提供参观、科普教育、休闲游憩的机会。因此，建立公园形式的成片保护模式，对于保护考古遗址或地质遗迹、提升科普教育水平具有重要的意义。

国家地质公园的建设与国家考古遗址公园的建设有极高的相近性，两者都注重对遗址遗迹的保护，并考虑保护与开发的和谐共生。国家地质公园的建立，是对地质遗迹资源利用的最好方式，有利于普及知识、发展经济、服

[①] 我国新增7处国家地质公园和1处国家矿山公园[EB/OL]. http://env.people.com.cn/n1/2019/0909/c1010-31345083.html[2019-10-01].

务社会。可以看出，考古遗址与地质遗迹一样都是珍贵资源，保护它们既可以供后人长期研究，也可以开发成为供人们参观、开展科普教育的基地。因此，国家地质公园的建设初衷和国家考古遗址公园是相似的。

2. 国家森林公园

国家森林公园是指森林景观特别优美，人文景物较集中，观赏、科学、文化价值较高，具有一定的区域代表性，旅游设施齐全，可供人们游览、休闲或进行科学、文化、教育活动的场所。中国第一个国家森林公园是1982年建立的张家界国家森林公园。截至2019年2月，我国共有国家森林公园897处[①]。

国家林业局于2006年启用"中国国家森林公园专用标志"，森林公园有相对成熟的国家标准——《中国森林公园风景资源质量等级评定》，可为指导森林公园建设、管理等提供依据。《中国森林公园风景资源质量等级评定》规定，森林公园作为具有一定规模和质量的森林风景资源与环境条件的地域，可以开展森林旅游。同时，还对旅游开发有专门的内容阐述，其中森林公园旅游开发利用条件评价可以为考古遗址公园的评定提供借鉴[②]。兰思仁（2004）详尽系统地介绍了国家森林公园建设的理论及实践，包括景观资源评价与景观资产评估、旅游产品设计与适宜性评价、风景林建设与管理、经营组织管理与营销策略、环境保护等。这些为考古遗址公园建设的实践，特别是如何开发文化旅游提供了借鉴。

3. 国家湿地公园

国家湿地公园概念主要使用于中国，是指经国家湿地主管部门批准建立的湿地公园，其对于改善区域生态环境，促进经济社会可持续发展，实现人与自然和谐共生具有重要意义。2017年，国家林业局印发了《国家湿地公园管理办法》，其中第二条明确规定，国家湿地公园是指以保护湿地生态系统、合理利用湿地资源、开展湿地宣传教育和科学研究为目的，经国家林业局批

---

① 我国新增11处国家森林公园 目前总数量达897处[EB/OL]. http://finance.people.com.cn/n1/2019/0213/c1004-30642222.html[2019-08-27].

② 中国森林公园风景资源质量等级评定（国家标准）[EB/OL]. http://www.forestry.gov.cn/portal/jsxh/s/3490/content-537266.html[2019-08-27].

准设立，按照有关规定予以保护和管理的特定区域①。2005年2月，第一个国家湿地公园试点杭州西溪国家湿地公园获批。国家湿地公园在建设和管理中遵循"全面保护、科学修复、合理利用、持续发展"的方针，与国家考古遗址公园的建设理念十分契合。例如，无锡梁鸿国家湿地公园的东侧区域与鸿山国家考古遗址公园的农业生态展示区相接壤，在科研保护、建设管理中有很多相同的研究范式。南京博物院等（2010）指出，鸿山考古遗址公园的建设紧扣政府主导、社会参与的运作模式，鸿山邱承墩遗址生土层的土壤样品孢粉分析结果显示，该遗址形成之前的周围环境为陆地、河流、湖泊和沼泽相间的湿地环境，现在除了原生态湿地环境大多为陆地外，河流、湖泊等一切如旧。因此，国家考古遗址公园以现有的地形地貌、河流水系、植被为基础，建设了独具江南特色的湿地生态展示区，合理还原了遗址历史面貌，直观地体现出考古遗址的主题。夏晓伟（2011）恰如其分地阐释了从单纯的本体保护到涵盖遗址背景环境的综合性保护的大遗址保护理念。

4. 国家矿山公园

国家矿山公园是以展示人类矿业遗迹景观为主体，可以体现矿业发展历史的内涵，具备研究价值和教育功能，可供人们游览观赏、科学考察与科学知识普及的特定的空间地域（王永生，2005）。矿业遗迹包括：矿产地质遗迹、矿业生产遗迹、矿业制品遗存、矿山社会生活遗迹和矿业开发史籍五大类别②。2004年，国土资源部发布《关于申报国家矿山公园的通知》，首次明确提出了矿山公园的概念，2010年，又提出了建设特色矿山公园，这为国家矿山公园建设明确了方向（甄莎等，2018）。国土资源部地质环境司所编《中国国家矿山公园建设工作指南》一书，对国家矿山公园建设更具指导意义（国土资源部地质环境司，2007）。国家矿山公园的建设模式是对矿山环境保护、治理和利用的一条创新路径。

由上可知，国家考古遗址公园与国家地质公园、国家森林公园、国家湿地公园、国家矿山公园都是具有相似功能的公园，在国家公园体系下的这些

---

① 国家林业局关于印发《国家湿地公园管理办法》的通知[EB/OL]. http://www.forestry.gov.cn/main/4046/20180102/1063430.html[2019-08-27].

② 矿业遗迹分类[EB/OL]. http://www.gxhsgjksgy.com/archives/200[2019-10-01].

特定功能示范区都是保护国家资源的重要形式，都在完善相应的评定标准，如表2-8所示。

表2-8 2018年国家考古遗址公园与国家地质公园、国家森林公园、国家湿地公园、国家矿山公园的对比

类别	国家考古遗址公园	国家地质公园	国家森林公园	国家湿地公园	国家矿山公园
主体内容	大遗址	地质遗迹	森林	湿地	矿业遗迹
景观特色	重要考古遗址及其背景环境	地质地貌景观	森林景观资源和生态环境	具有特殊生态、文化、美学和生物多样性价值的湿地景观	人类矿业遗迹景观，体现矿业发展历史
建设理念	以考古遗址保护和文化传播共享为宗旨，以引导公众走近遗址、热爱遗址为目标	保护地质遗址，普及地球科学知识，促进地球科学研究	开展森林旅游，提供度假、游憩、保健的场所	生态优先、科学修复、合理利用、持续发展	矿山环境保护、治理和利用
核心功能	遗址保护、科普教育、游憩	地质遗迹的保护开发	森林保护及生态科普等	保护湿地生态系统和服务功能	保护矿业遗迹、环境更新、生态恢复和文化重现
吸引力因素	大遗址	壮观独特的地貌遗迹和珍贵遗存	秀丽的景观、宜人的气候	具有特殊生态、文化、美学和生物多样性价值的湿地景观	矿产地质遗迹、矿业生产遗迹、矿业制品遗存、矿山社会生活遗迹、矿业开发史籍
图标	无				
开发保护	保护为主、共享发展	保护为主、适度开发	保护与利用	合理利用	保护、更新、恢复、重现
公布数量	36处	212处	897处	903处	34处

资料来源：2018年全国林业和草原发展统计公报[EB/OL]. http://www.shidi.org/sf_112B0345DAF948F693EA9C9834930348_209_1335E561541.html[2019-08-27]

综上所述，国家考古遗址公园与上述四类国家公园在综合功能方面存在一致性。首先，都具有科研、教育、游憩休闲、生态、文化、景观观赏等功能。其次，发展建设的目的都是保护某种珍贵的特殊资源，从而可以更好地

开展科学研究、国民教育普及、游憩、休闲等活动，同时对社会效益、经济效益的提升以及可持续发展具有积极的作用。相比其他四类公园，国家考古遗址公园更加注重大遗址的保护。2017年，国家文物局组织编制了《国家考古遗址公园创建及运行管理指南（试行）》，以指导各地考古遗址公园的创建、运行管理等工作，推动了国家考古遗址公园健康发展。

五、国家考古遗址公园文化旅游系统要素与基本属性

1. 文化旅游系统要素组成

梳理出国家考古遗址公园的文化旅游要素，对于综合功能的发挥具有重要作用。国家考古遗址公园的文化旅游系统要素如表2-9所示。

表2-9　国家考古遗址公园的文化旅游系统

要素	内容	说明
文化旅游者	人、人群	文化旅游主体，具有不同文化旅游动机的个人或群体
体系	①活动体系：文化旅游活动的具体类型与活动内容 ②物质体系：文化旅游资源、承载文化旅游的考古遗址公园的空间环境与配套设施 ③服务体系：为文化旅游提供的相关服务 ④保障体系：相关规划、政策、基础研究、经济支持等	外部条件，对文化旅游质量产生影响的重要因素
综合影响	文化旅游对考古遗址公园功能发挥带来的正面或负面影响	影响与效果，未来作为考古遗址公园发展中可以积极利用的因素

资料来源：王珏（2009）

2. 文化旅游基本属性与特征表现

尽管文化旅游的定义很难统一，但文化旅游的两个重要构成要件是达成共识的，一是强调产品的属性；二是强调公众的旅游体验。国家考古遗址公园强调的是文化空间，它能为公众提供欣赏机会，相当于美国国家公园体系中强调的文化区域（cultural areas）。这样的空间是指在说明或解释国家遗产中具有极高价值或品质，并在区位、设计、环境、材料、工艺、情感和联想等方面具有高度完整性的地区、位点、建筑物或物件（侯兵等，2011）。

国家考古遗址公园文化旅游的属性特征在展示与共享过程中具有很大

的作用。在国家考古遗址公园的空间范围内,公众可以借助文化旅游实现游憩和科普教育,这对遗址承载的文化脉络的延伸具有更深层次的意义。因此,国家考古遗址公园中文化旅游的基本属性包括时间维度、潜在资源、产品形态、旅游动机和需求市场五个方面,如表2-10所示。

表2-10 国家考古遗址公园文化旅游的基本属性与特征

基本属性	特征表现
时间维度	共时性、历时性;考古揭示人类的过去,指导人类的现在、未来
潜在资源	4A、5A级旅游景区;国家级文物保护单位、非物质文化遗产、文化产业
产品形态	考古遗址游览、时空穿越体验、古建筑文化、艺术欣赏、休闲旅游等
旅游动机	求知、求新;穿越历史、科普教育、公众考古教育、游憩教育
需求市场	大学生专业实习基地;中小学爱国主义教育;有消费能力、受教育程度较高人群的文化旅游体验

资料来源:侯兵等(2011)

第三节 相关理论

一、原真性理论

文化遗产保护和利用的相关概念、观念和标准,大多源于西方发达国家,其中遗产的原真性被普遍认为是文化遗产的保护核心,原真性意为原本的、真实的、可靠的、非复制的。《世界遗产公约实施行动指南》(*Operational Guidelines for the Implementation of the World Heritage Convention*)中有明确的表述,要满足对其设计、材料、工艺或背景环境以及个性和构成要素等方面的真实性的检验(覃业银,2009)。

一脉相承的国家考古遗址公园场所的文化精髓的非物质化原真性保存得极为完整,其内涵也在不断丰富。

二、游憩理论

国家考古遗址公园的游憩功能被正式提出并获得认可,游憩不仅是人类自身的需求，还符合休闲社会的发展潮流。作为公共产品，游憩理论的运用不仅更好地践行了文旅融合，而且可成为活化文物保护成果的重要途径，这在建筑学、林学、国家公园、生态文明建设中是被广泛接受的。游憩管理是国家考古遗址公园功能的重要组成部分。

三、场所精神理论

场所在《现代汉语词典》中的解释是：活动的处所，如公共场所、娱乐场所。人的活动使得场所具有空间含义以外的特征表现，即有了氛围。氛围是人们对特定空间的记忆和认同，任何场所都有这样的精神特性。著名挪威城市建筑学家诺伯舒兹在1979年提出场所精神，他认为所有独立的本体，包括人与场所，都有守护神灵陪伴其一生，同时决定其特性和本质。场所精神强调人们应该尊重场所的特征，其目的在于延续和增强场所的生命与活力，而不仅仅是保留现状。国家考古遗址公园塑造了一个具有延伸性和综合性的整体，给予公众更多的是精神的含义而非实用的物品，是表达生活情境的艺术作品。因此，考古遗址公园的特性比空间的概念更具体，一方面在暗示一种气氛，另一方面是具体的造型，表达的是稳定的精神，其存在的目的在于保存并传达意义，考古遗址公园不是一种奢侈品，而是公众共享的历史文化场所。这种精神不仅仅是抽象的概念，还可以用具象的方法表达出来、展现出来、挖掘出来。

四、共轭生态理论

共轭是一种以动态平衡为主要目的的控制论方法，其目的在于通过调节系统内各组分之间的生态关系，实现组分之间的高效、和谐、平衡发展（阳文锐和何永，2010）。轭是马车行驶时套在马颈上用于拉车的马具，要求左右两轮平衡，车马前后默契，节奏快慢和谐，车马一体共生。如果共轭关系调控不当，就会翻车或偏离前进的方向。因此，共轭就是按一定的规律相配的一对，矛盾的双方应协同共生。

国家考古遗址公园的生态系统由自然生态（水、土、植被、空气等自然生态要素间的系统关系)、遗产生态(遗址、遗迹、考古发掘、公众考古等遗产生态要素间的系统关系)、人文生态(认知、管理机制、运营体制、文化等上层建筑间的系统关系)和经济生态(游憩、消费、流通、调控等经济生态活动间的系统关系)四层含义组成。共轭生态运用于考古遗址公园是指协调公众与公园环境、遗址遗迹资源保护与展示利用、空间与时间之间共轭关系的复合生态系统规划,并以此为理论基础,找到合理的方式解决有可能出现的文化冲突。

共轭生态对于考古遗址公园的可持续发展来说,既是一种生存状态,也是一种发展势态。良性循环的共轭生态可滋生出互惠、多赢、和谐、可持续等积极的人类元素,进一步呼应国家考古遗址公园联盟所倡导的遗址与人、与自然、与社会的和谐共生。

五、体验理论

体验是指亲身的经历与体会、感悟。美国学者约瑟夫·派恩和詹姆斯·吉尔摩在1999年出版的《体验经济》(*The Experience Economy*)中称,体验是企业以服务为舞台,以商品为道具,以消费者为中心,创造能够使消费者参与,值得消费者回忆的活动。现代旅游业不注重到过哪里,而是在意旅游感知质量,在于是否度过了一段美好的时光。在体验经济时代,个性化成为时代的特征,公众追求人文和思想的体验,魏小安和魏诗华(2004)曾提出"情景规划与体验设计"的概念,注重公众在访问目的地时获得的阅历和产生的情绪。因此,"看"并不是体验的全部,通过展示供给,强化公众的感知与体验来提升遗址的魅力十分重要。

第三章　国家考古遗址公园文化旅游发展现状评析

> 由于国内和国际的旅游是文化交流最重要的途径之一，对话应该为东道主社区成员和旅游者提供负责任的和管理良好的机会，使他们可以通过第一手经历来了解社区的遗产和文化。
>
> ——《国际文化旅游宪章》

第一节 文化旅游发展概述

一、管理运营综述

国家文物局始终重视国家考古遗址公园的管理运营,并通过运行评估掌握其管理运营的状况。2017年,国家文物局组织开展了对第一批、第二批共24处国家考古遗址公园的评估工作,评估时段为2014～2016年。这些国家考古遗址公园自开放以来,在文物保护、展示利用、文化传承、社会服务等方面均发挥了重要作用。特别是首批12处国家考古遗址公园,在遗址本土保护、公园综合功能实施、运营管理与投入、文化品牌设立等方面均有显著提升,在带动当地经济增长、打造城市文化地标、引导公众游憩休闲、提升文化旅游体验、树立IP[①]文化形象、助力乡村振兴等方面也发挥了积极作用。

国家文物局2018年公布的《国家考古遗址公园发展报告》显示,首批12处国家考古遗址公园中,圆明园国家考古遗址公园接待的游客量最多,总计2322万人次;其次分别为大明宫国家考古遗址公园、秦始皇陵国家考古遗址公园[②]。大明宫国家考古遗址公园、汉阳陵国家考古遗址公园、周口店国家考古遗址公园等都结合遗址特点设立了不同主题的体验活动,圆明园踏青节、金沙太阳节、阳陵银杏节、鸿山葡萄节等文化休闲活动已成为当地的特色品牌。

同时,这24处国家考古遗址公园在管理运营方面也积累了很好的推广经验,对拉动地方经济增长具有显著的效果,许多国家考古遗址公园的门票收入逐年递增,圆明园国家考古遗址公园、殷墟国家考古遗址公园、隋唐洛阳城国家考古遗址公园、三星堆国家考古遗址公园、金沙国家考古遗址公园、秦始皇陵国家考古遗址公园、大明宫国家考古遗址公园7处国家考古遗址公园的年均经营性收入达1000万元以上,其中秦始皇陵国家考古遗址公园、大

[①] IP,intellectual property,知识产权,是指具有长期生命力和商业价值的跨媒介内容运营。
[②] 文物局印发《国家考古遗址公园发展报告》[EB/OL]. http://www.gov.cn/fuwu/2018-10/12/content_5329798.htm[2019-10-01].

明宫国家考古遗址公园年均经营性收入达 1 亿元以上。2014～2016 年，良渚国家考古遗址公园、圆明园国家考古遗址公园、秦始皇陵国家考古遗址公园等 11 处国家考古遗址公园累计资金收入达 1 亿元以上，圆明园国家考古遗址公园、良渚国家考古遗址公园、阳陵国家考古遗址公园等 5 处国家考古遗址公园所在地政府投入资金达 5000 万元以上，为国家考古遗址公园可持续发展提供了保障。

二、旅游发展评析

1. 文化旅游依托的大遗址均为高品质旅游资源

国家考古遗址公园不但是大遗址保护的示范空间，也是高品质的文化旅游景区，首批 12 处国家考古遗址公园均为 4A 级以上景区，有 6 处世界文化遗产，2 处列入世界文化遗产预备名单。其垄断性的文化景观资源具有极大的旅游市场号召力和巨大的发展潜力。这些对于国家考古遗址公园的展示具有很好的空间示范意义。表 3-1 为 12 处国家考古遗址公园旅游基本信息基本概况（数据信息截至 2019 年 8 月）。

表 3-1　12 处国家考古遗址公园旅游信息基本概况

序号	所在地区	名称	旅游景区等级	门票/元	大遗址特征
1	北京	圆明园国家考古遗址公园	4A	10	清代西洋兼中式皇家风格园林遗迹
2	北京	周口店国家考古遗址公园	世界文化遗产，4A	30	旧石器时代早期的人类遗址
3	吉林	集安高句丽国家考古遗址公园	世界文化遗产，4A	210	高句丽王朝的遗迹、洞沟古墓群
4	江苏	鸿山国家考古遗址公园	4A	50	春秋战国时期长江下游吴越地区的贵族墓葬群
5	浙江	良渚国家考古遗址公园	世界文化遗产，4A	80	人类早期城市文明的范例，实证中华五千年文明史
6	河南	殷墟国家考古遗址公园	世界文化遗产，5A	70	我国第一个有文献记载并为甲骨文和考古发掘所证实的商代都城遗址
7	河南	隋唐洛阳城国家考古遗址公园	4A	120	我国保留较为完整的大型古代城市遗址

续表

序号	所在地区	名称	旅游景区等级	门票/元	大遗址特征
8	四川	三星堆国家考古遗址公园	世界文化遗产预备名单，4A	80	延续时间最长、等级最高的蜀文化中心遗址；中国夏商时期西南地区最大的都城遗址
9	四川	金沙国家考古遗址公园	世界文化遗产预备名单，4A	80	公元前12世纪至公元前7世纪古蜀王国的中心都邑遗址；出土丰富的象牙、金器和玉器等
10	陕西	阳陵国家考古遗址公园	4A	旺季70 淡季40	中国古代第一个盛世"文景之治"缔造者汉景帝刘启及其皇后王氏同茔异穴的合葬陵园
11	陕西	秦始皇陵国家考古遗址公园	世界文化遗产，5A	旺季150 淡季120	秦始皇嬴政的陵墓及从葬坑，世界第八大奇迹
12	陕西	大明宫国家考古遗址公园	世界文化遗产，4A	60	唐代最为辉煌壮丽的宫殿建筑群遗址，唐王朝200余年间的统治中心

资料来源：根据中国考古网 http://www.kaogu.cn/plus/search.php?typeid=2&q=%D1%F4%C1%EA 等官方网站和实地调研数据整理

同时，由12处国家考古遗址公园提供的文化旅游活动类型可知，可展示的文化旅游资源类型由单一的遗址类资源转向更丰富的文化旅游类资源，可开展的游憩活动等越来越具有示范意义。根据《旅游资源分类、调查与评价》（GB/T 18972—2003）的旅游资源普查规范，按照分类结构，旅游资源共有8个主类、31个亚类和155个基本类型。国家考古遗址公园拥有的旅游资源类型非常丰富，对照旅游资源普查规范中的分类，包括6个主类、15个亚类和57个基本类型，如表3-2所示。

表3-2 国家考古遗址公园包含的旅游资源类型分类

主类	亚类	基本类型
B 水文景观	BB 天然湖泊与池沼	BBB 沼泽与湿地
C 生物景观	CA 树木	CAA 林地、CAB 丛树、CAC 独树
	CC 花卉地	CCA 草场花卉地、CCB 林间花卉地
E 遗址遗迹	EA 史前人类活动场所	EAA 人类活动遗址、EAB 文化层、EAC 文物散落地、EAD 原始聚落

续表

主类	亚类	基本类型
E 遗址遗迹	EB 社会经济文化活动遗址遗迹	EBA 历史事件发生地、EBD 废弃生产地、EBE 交通遗迹、EBF 废城与聚落遗迹
F 建筑与设施	FA 综合人文旅游地	FAA 教学科研实验场所、FAB 康体游乐休闲度假地、FAD 园林游憩区域、FAE 文化活动场所、FAF 建设工程与生产地、FAG 社会与商贸活动场所、FAH 动物与植物展示地、FAK 景物观赏点
	FB 单体活动场馆	FBA 聚会接待厅堂（室）、FBB 祭拜场馆、FBC 展示演示场馆、FBE 歌舞游乐场馆
	FC 景观建筑与附属型建筑	FCC 楼阁、FCD 石窟、FCH 碑碣（林）、FCI 广场、FCJ 人工洞穴、FCK 建筑小品
	FD 居住地与社区	FDA 传统与乡土建筑、FDB 特色街巷、FDC 特色社区、FDD 名人故居与历史纪念建筑
	FE 归葬地	FEA 陵区陵园、FEB 墓（群）
G 旅游商品	GA 地方旅游商品	GAA 菜品饮食、GAB 农林畜产品与制品、GAC 水产品与制品、GAE 传统手工产品与工艺品、GAF 日用工业品、GAG 其他物品
H 人文活动	HA 人事记录	HAA 人物、HAB 事件
	HB 艺术	HBA 文艺团体、HBB 文学艺术作品
	HC 民间习俗	HCA 地方风俗与民间礼仪、HCB 民间节庆、HCC 民间演艺、HCD 民间健身活动与赛事、HCF 庙会与民间集会、HCG 饮食习俗、HCH 特色服饰
	HD 现代节庆	HDA 旅游节、HDB 文化节

2. 依托遗址遗迹的系列文化旅游产品和游憩活动日益丰富

国家考古遗址公园本身所拥有的丰富的文化旅游资源，具有开展文化旅游的先天优势，因此 12 处国家考古遗址公园基本形成了主题化、系列化的文化旅游产品和文化旅游线路，如殷墟国家考古遗址公园的特色展示系列、金沙国家考古遗址公园的太阳节旅游庆典活动、圆明园考古遗址公园的清明踏青等特色节庆活动、阳陵国家考古遗址公园的模拟考古体验专项旅游、良渚国家考古遗址公园内的良渚博物院青少年暑期夏令营、大明宫国家考古遗址公园的广场舞表演、秦始皇陵国家考古遗址公园的小小讲解员等，吸引了大量国内外游客参观体验，其中圆明园踏青节、金沙太阳节、阳陵银杏节、大明宫音乐节、良渚第二课堂教育活动等文化教育休闲活动已成为当地知名品牌。

经过近十年的发展，国家考古遗址公园的游憩活动日渐丰富。结合实地调研和收集整理首批 12 处国家考古遗址公园文化旅游发展资料，已开展的各类游憩活动如表 3-3 所示。

表 3-3　首批国家考古遗址公园游憩活动内容

名称	游憩功能类别	主要游憩活动内容
圆明园国家考古遗址公园	娱乐消遣类	戏曲欣赏、棋艺比赛、非遗表演、荷花饮食品尝等
	怡情养生类	荷花文化摄影展、新春摄影大赛、读书会活动、散步闲聊、小憩等
	体育锻炼类	定向越野亲子赛、武术、晨练等
	观光游览类	非遗文化展、皇帝巡游演出
	社会活动类	踏青节、荷花节、金秋节、门票设计大赛、庙会等
	教育发展类	爱国主义教育活动、历史文化大讲堂、历史文化进校园
周口店国家考古遗址公园	娱乐消遣类	文化科普游戏
	观光游览类	专题展览
	社会活动类	模拟考古发掘体验、博物馆多媒体互动体验
	教育发展类	公众考古教育普及、爱国主义教育活动、历史文化大讲堂、历史文化进校园、科普动画、暑期夏令营
集安高句丽国家考古遗址公园	怡情养生类	广场舞、武术表演
	体育锻炼类	晨练
	社会活动类	城南门遗址外围的早市
	观光游览类	集安市博物馆、好太王碑、将军坟、禹山贵族墓地、丸都山城
鸿山国家考古遗址公园	怡情养生类	书画摄影
	教育发展类	学术研究
良渚国家考古遗址公园	观光游览类	5G+VR 技术体验
	社会活动类	亲子活动、馆校合作建立"良渚文化宣传教育基地"
	教育发展类	暑期夏令营、第二课堂教育活动、良渚知识文化进校园
殷墟国家考古遗址公园	观光游览类	殷墟宗庙遗址、甲骨文碑林、殷墟车马坑游览等
	社会活动类	志愿者服务
	教育发展类	殷商文化进校园、殷墟小导游、夏令营、学术研究、殷墟论坛

续表

名称	游憩功能类别	主要游憩活动内容
隋唐洛阳城国家考古遗址公园	娱乐消遣类	神都迎宾礼、武皇临朝、文人墨客斗艺、万国来朝、神宫大乐舞等定时表演
	观光游览类	天堂明堂参观、隋唐文化体验
	教育发展类	青少年游憩教育体验游戏
三星堆国家考古遗址公园	观光游览类	三星堆博物馆参观、《人与神》VR展
	社会活动类	"国宝小达人"暑期主题社教活动
	教育发展类	三星堆学堂、文物拓片制作、三星堆纸面具制作、三星堆文物3D打印
金沙国家考古遗址公园	娱乐消遣类	4D特效电影《梦回金沙》、音乐剧《金沙》、音乐舞蹈剧《太阳神鸟》
	观光游览类	成都文博创意精品展、"网红"文创、模拟考古体验
	社会活动类	金沙太阳节
阳陵国家考古遗址公园	娱乐消遣类	赏花、汉服表演、汉代礼仪表演、自行车巡游
	怡情养生类	摄影大赛、古琴雅集活动
	体育锻炼类	体育游戏
	观光游览类	制陶DIY、瓦当考古体验、汉文化系列旅游体验产品
	社会活动类	银杏节和月季节等节庆活动、游憩体验项目和研学旅行
	教育发展类	汉文化研学、教师培训、节日主题教育、儿童考古体验、优秀历史文化进校园、主题夏令营
秦始皇陵国家考古遗址公园	观光游览类	参观游览、儿童文化体验
	社会活动类	秦陵文化军营行、秦陵文化社区行、亲子手工活动、猜灯谜赏诗词、志愿者服务、节日主题活动
	教育发展类	爱国主义教育活动、博物院讲坛、秦陵文化校园行、历史文化进校园、教学实践活动、遗产小卫士、文物修复体验、小小讲解员、移动课堂、游学体验、教育体验活动等
大明宫国家考古遗址公园	娱乐消遣类	文艺表演、大型演艺、亚洲首部IMAX3D电影《大明宫传奇》
	体育锻炼类	晨练、跑步
	怡情养生类	下棋、广场舞等
	观光游览类	博物馆群游览、大华1935工业遗址记忆游
	社会活动类	新春唐人节、国际风筝节、西马狂欢节、牡丹节、五一戏曲文化节、夏季草莓音乐节、光影嘉年华、冬至祭天礼等文化活动
	教育发展类	小小考古学家活动、青少年第二课堂教育、考古研学之旅

从满足人们精神文化和物质文化的需求方面来看，这些游憩活动对于公众走进考古文化、历史文化和丝路文化，了解博大精深的文化遗产，传承和发扬中华优秀传统文化具有重要作用，因此需要得到足够的重视和开发。

3. 文化旅游对区域发展的引领作用开始显现

国家考古遗址公园文化旅游逐步成为城市乃至区域旅游线路上的重要组成部分，对丰富和完善当地的旅游产品谱系起着重要作用，如兵马俑、阳陵和大明宫的文化旅游成为西安秦、汉、唐文化旅游不可缺失的核心组成内容，甚至成为中国文化旅游的典范与代表。12处国家考古遗址公园在文化旅游发展方面取得了很大的成就，位于城市的国家考古遗址公园，承担着城市公共文化服务的责任，使这些城市成为具有遗产保护特色和历史记忆的文化名城；位于城郊的国家考古遗址公园，对于助力乡村振兴战略发挥着积极的作用，成为美丽乡村建设的重要载体。

三、公众满意度评价

1. 基于网络评价的国家考古遗址公园满意度分析

基于携程旅游网站，运用关键词搜索法和内容调查法进行旅游评价，获得公众对首批12处国家考古遗址公园文化旅游的满意度，结果表明首批国家考古遗址公园的旅游综合评价维持在4.1～4.7分（满分为5分），说明首批国家考古遗址公园的资源品质和服务水平得到了公众的认可。从网络评分和评论中可得出：公众对国家考古遗址公园的总体满意度较高，但也表现出对国家考古遗址公园名称认知度的不足，不同的国家考古遗址公园在解说服务、解说手段、文物展示方法等方面存在明显差异，导致公众获得的解说效果也不同。例如，秦始皇陵国家考古遗址公园作为世界文化遗产地和5A级景区，拥有丰富的文化遗产资源，但公众满意度评分并不高，大部分公众认为景区缺少趣味性，这在很大程度上说明公众通过秦始皇陵国家考古遗址公园的旅游解说所获得的感知效果不佳，而且智慧解说系统和解说环境也有待进一步完善。

2. 基于网络舆情的国家考古遗址公园品牌形象认知分析

由网络关注度的大数据，可以了解公众对国家考古遗址公园及其博物馆影响力的感知程度，从而得出公众对国家考古遗址公园的关注度和品牌形象认知的排名情况。通过搜索新浪微博关键词"文化旅游"（2019年9月20日），从体验新鲜度、目的地憧憬度、品牌成长力三个维度得出城市文旅吸引力排行榜，首批国家考古遗址公园所在城市的吸引力排名中，北京第1，说明其文化旅游吸引力充足，对国家考古遗址公园文化旅游的发展具有促进作用。通过搜索新浪微博关键词"国家考古遗址公园"和"博物馆"，从传播力、互动力、服务力和认同度四个维度，对政务微博文化榜中与国家考古遗址公园相关的热词进行排序，前100名中包括四川广汉三星堆博物馆（排名13，浏览次数57.96万次）、河南殷墟国家考古遗址公园（排名14，浏览人次57.96万次）、金沙遗址博物馆（排名16，浏览人次56.99万次）、洛阳市文物局（排名74，浏览人次38.32万次）、杭州良渚遗址（排名89，浏览人次34.86次）、文化北京（排名92，浏览人次34.9万次），由此说明四川、河南、浙江和北京四个地区的国家考古遗址公园影响力较大，公众对其品牌形象认知较深。

第二节 问题与矛盾分析

通过上述分析发现，国家考古遗址公园自运营以来，在游憩、教育等功能上发挥了重要作用，对周边环境的带动辐射作用日益凸显。但是，建立国家考古遗址公园是大遗址保护的创新型工程，由于相关标准还在继续完善中，文化旅游作为利用及传承的模式，其功能彰显还有很大的提升空间，尤其在促进实现国家考古遗址公园的文化旅游有效管理与可持续发展方面，还存在一些问题与矛盾亟待破解。

一、空间规划方面

由于国家考古遗址公园以大遗址空间为核心而建立，空间范围较大，景观较为单一，虽然区域内的遗存遗址历史文化价值极高，但空间规划必须考虑本体保护的需要。国家考古遗址公园担负着参观游览、休闲度假等功能，需要配备相应的旅游服务设施并提供相应的旅游服务，让公众可进入、可停留、可观赏、可体验、可回味。例如,良渚国家考古遗址公园积极推进遗址保护和利用,在空间规划和展示系统方面取得了较大成效,如图3-1所示。

图 3-1 良渚国家考古遗址公园的显著冠称标识
拍摄于 2013 年 8 月 12 日

为了更好地发挥文物的公共服务效能,国家考古遗址公园的空间规划还需进一步优化提升,目前已有的空间规划更多的是涉及国家考古遗址公园展示与设计的硬质空间规划,涉及文化旅游元素的指标不丰富。依据《旅游景区质量等级的划分与评定》（GB/T 17775—2003）,旅游景区涉及建设、运营、管理和服务,因此可从服务质量与环境质量、景观质量和公众满意度等方面进行评定。站在文化旅游的角度,对标《旅游景区质量等级的划分与评定》（GB/T 17775—2003）涉及的旅游交通、游客中心、游览线路、标识系统、旅游厕所等,和国家考古遗址公园其他规划涉及的指标缺乏衔接,在一定程度上制约了文化旅游的发展。

二、产品创新方面

国家考古遗址公园的核心景观资源是遗址遗迹,但其历经沧桑,难以呈现出原有的格局与风貌,使得文化旅游产品多以静态参观为主。首批12处国家考古遗址公园中已完成的规划显示,空间范围内可展示的文化旅游资源种类丰富,如植物园、湿地公园、绿地广场、花卉基地、生态农业观光等。目前，更多的国家考古遗址公园依然是依托遗址博物馆的静态观光模式，除遗址博物馆陈列观光之外，可体验参与的其他类别的产品还不够丰富，具有一定品牌影响力的参与性、体验性、趣味性较强的文化旅游产品不多，文化旅游产品的形态较为单一，在一定程度上制约了国家考古遗址公园文化旅游的发展。

三、解读服务方面

作为高品质的文化旅游景区，首批12处国家考古遗址公园蕴藏的信息深厚，因此需要完善解读服务引导公众读懂其蕴藏的信息。因为国家考古遗址公园蕴藏的遗址、遗迹信息阅读门槛较高，所以目前考古历史信息的传递更多的还是通过遗址现场展示、遗址博物馆（陈列馆）、遗址展示中心、标识系统等静态展示完成。一些国家考古遗址公园的阐释与展示技术手段单一，对普通公众的理解与欣赏造成障碍，降低了公众的满意度，成为当下国家考古遗址公园文化旅游深入发展的瓶颈因素。同时，部分国家考古遗址公园参观群体的组成中，有相当大比重的入境旅游者，存在双语解说手段单一、翻译讹误等问题，影响了外国旅游者对中国历史信息的解读与体味。

四、评估反馈方面

对国家考古遗址公园的评估通常会从物（遗址遗迹、场馆设施等）、人（旅游者、管理者、规划者等不同群体）和事（管理制度、运营机制等）三方面进行。《国家考古遗址公园管理办法（试行）》中虽然要求严格控制公众的数量，但对于国家考古遗址公园可持续发展的旅游活动缺乏具体的规定，与此相关的旅游生态容量、旅游心理容量、旅游社会容量等都没有完善的评估反馈机制，尤其缺乏对公众旅游体验和满意度的评价。由于无法构建一个评价—反馈—调整的完整回路，在一定程度上难以发挥国家考古遗址公园对于文物保护利用的示范带动作用，从而影响了国家考古遗址公园文化旅游发展的提升能力。目前，很多国家考古遗址公园文化旅游潜力发挥不充分、公众访问量不高的现状没有及时的应对措施。例如，按照《旅游景区质量等级的划分与评定》（GB/T 17775—2003）的要求，国家5A级景区年接待国内外游客数量要在60万人次以上,其中境外游客5万人次;4A级景区年接待国内外游客数量要在50万人次以上,其中境外游客3万人次。但多数国家考古遗址公园现阶段达不到这样的访问量。

第三节 原因与影响因素

一、定位产生的心理偏差

对于大多数公众来说,国家考古遗址公园是一个新的概念,他们认为考古遗址公园科研价值极高但多为残缺的遗址,且多是静态展示,知识的枯燥说教远没有参与性和趣味性强的娱乐项目有吸引力。对于一个新兴的旅游目的地来说,如果仅从名称进行简单的判断,可能会产生较大的心理认知偏差,加之国家考古遗址公园的宣传不到位,进而加剧了这种偏差。

许多旅行社和在线旅游平台缺乏积极推动国家考古遗址公园文化旅游线路的动力,主要原因在于除了门票收入以外,难以获取旅游活动项目、旅游商品、旅游服务等额外的溢出收益。同时,部分国家考古遗址公园相关衍生产品较少,使得这类文化旅游产品失去了强有力的销售渠道。

二、产品创新手段的难度较大

首先,在文物遗址保护的基础上,适度展示必将限制资源利用的强度,如限定利用规模、利用频度、利用方式等,利用上的约束条件无疑加大了文化旅游产品的创新难度。其次,依附于文化遗产的历史文化具有非物质性的特点,本身较难转化为显性的文化旅游产品,要使其具有可体验、可触摸、可参与、可认知的功能,难度会更大。

三、阐释与展示的不足抬升了欣赏的门槛

国家考古遗址公园的历史文化资源蕴藏的信息非常丰富,且具有很强的

专业性。但现实中，不少国家考古遗址公园阐释与展示不足导致针对公众参与感知遗产地精神的机会很不充分，很难让公众产生联想和共鸣。尘封的历史必须采用更为生动鲜活的方式进行解说，否则将成为国家考古遗址公园发展的障碍。国家考古遗址公园担负的一个重要作用就是教育大众、普及文化，因此必须通过创新性的解读提升公众感知度，最终实现教化大众、传承文化的历史使命。

四、与周边环境缺乏衔接

国家考古遗址公园所处的区位不同，对于文化旅游发展带来的影响也不同。首批12处国家考古遗址公园的区位各不相同，有的在城市，有的在城郊或乡村，有的甚至位于荒野。由调研可知，地处城郊或乡村区域的国家考古遗址公园，周边区域的经济发展水平较低，使得孤立的国家考古遗址公园成为区域旅游孤岛，其文化旅游发展与周边环境无法有效联系和融合，导致出现单打独斗的不利局面。一些国家考古遗址公园甚至游离于城市建设发展之外，与区域发展较不协调。

五、涉及的各条例之间的制衡力度小

首批12处国家考古遗址公园在设立之前大多是我国著名的文物旅游景区，按照4A景区或5A景区的标准衡量，有《旅游景区质量等级管理办法》；对于国家考古遗址公园来说，有《国家考古遗址公园管理办法（试行）》；还有一级博物馆、国家文物局制定的《国家一级博物馆运行评估规则》《国家一级博物馆运行评估指标体系》[①]等规范性文件，但是不同条例之间的契合度较小，"多规合一"没有得到有效落实，且关注公众参与的文化旅游产品涉及的举措较少，导致文化旅游的公益性功能减弱。

---

① 关于开展2010年度国家一级博物馆运行评估工作的通知[EB/OL]. http://www.chinamuseum.org.cn/plus/view.php?aid=81[2019-10-01].

第四章　国家考古遗址公园文化旅游发展对策

> 旅游本身已经成为一个日益复杂的现象，纵横政治、经济、生物物理、生态和美学的各个领域。旅游者的期望和东道主社区的期望之间可能会产生冲突，要实现两者之间有价值的相互影响，面临许多挑战，也会产生许多机遇。
>
> ——《国际文化旅游宪章》

第一节 提升思路与对策

一、国家考古遗址公园文化旅游提升思路

1. 理念更新：以普通大众为本

国家考古遗址公园应把"以人为本"作为第一要义，以满足人的精神和文化需求为目标，注重提高公众旅游体验质量，精心创造一个宜人的旅游文化环境。就国家考古遗址公园的文化旅游发展而言，除了具有丰富的文化旅游产品、完善的旅游服务设施、优美的环境氛围以外，还应通过多方面有效的规划，真正满足公众的游览需求，按照普通大众的知识层次和文化素养，策划与之相适应的观赏内容、解读方式，进而实现"以人为本"理念的价值诉求。

例如，2019年8月，江苏、浙江、安徽、上海三省一市的文化和旅游厅（局）、文物局共同推出"跟着考古去旅游"文化旅游线路，将长江三角洲地区重要的考古遗址（如良渚国家考古遗址公园、凌家滩考古遗址公园、河姆渡遗址、南京大报恩寺遗址公园等）连接起来，并分别以"重拾文明火种""阅读王朝变迁""以诗歌纪行"为主题设计了三条线路，这些线路的最大特色是可以让公众近距离接触考古遗址现场。在线路设计中，还引入了专业场馆的讲解力量以及有趣味的体验环节，这样的合作模式充分考虑了大众的需求，将文化旅游、旅游资源、考古资源串联起来，很好地推动了文化、旅游、考古等的合作交流。

2. 价值升华：凸显遗址场所精神

原真性是文化遗产的核心，国家考古遗址公园内外部的空间环境一直蕴含着特殊的场所精神，对这种独特的场所精神的文化解读和空间化表现，是国家考古遗址公园文化旅游应该选择的手段。国家考古遗址公园的可视化元素有限，在其蕴含的文化价值很深厚的情况下，应凸显遗址的场所精神，让

公众获得对国家考古遗址公园文化价值的认知，使国家考古遗址公园物质与非物质的景观要素在人们内心产生深刻的精神共鸣。

3. 文化共享：保护与游憩的耦合

国家考古遗址公园文化旅游功能提升的关键在于，使公园拥有的文化资源得到全社会最大限度的共享。因此，一方面，要注重对公园范围内现有资源和设施的整合；另一方面，在系统集成的指导下，将保护和游憩两个独立的系统进行耦合，甚至是集成。根据公众的需求，进一步优化旅游产品、旅游线路和旅游管理等，将公园所有分离的元素和子系统连接成一个完整和有效的整体，并使之能高效运转，共享文化资源，发挥整体效益，进而达到整体性能最优的双赢目标。

4. 解说创新：多元化的教育功能拓展

国家考古遗址公园的定位本身赋予了其特殊的社会教育责任，因此应将考古学知识以及文化资源保护思想与意识传达给公众。作为一类特殊的社会公共服务产品，国家考古遗址公园有责任、有义务、有能力拓展其文化教育功能。社会需要国家考古遗址公园借助真实的载体，运用高科技的手段，通过创新性的解读，促进公众对考古知识、遗址遗迹保护、文明传承等的信任与理解。

5. 创意提升：文物 IP 反哺遗址保护

国家考古遗址公园的公益性强调了其必然是公共文化服务体系的重要组成部分。在国家考古遗址公园运营中，应注重文创产品的开发，延长文化产业链，扩大文化消费总量，增强自身造血功能，进而反哺遗址保护。可以通过挖掘多元的文物 IP 增加流量，通过创意元素的提升实现服务延伸。国家考古遗址公园因涵盖文化遗产、文化旅游、博物馆与文化创意产业三项要素，而成为遗址保护与文化旅游和谐共生的有效路径。

二、文化旅游 2.0 时代的开发对策

文化旅游的 2.0 时代，进入"大概念，无边界"的阶段，已从高端精

致的第一代小众文化旅游逐步过渡到以参观博物馆、艺术馆等普及化的大众文化旅游,并融入了以主题公园、节事活动、体育、艺术等综合活动为代表的第二代文化旅游,直至进入注重人的自我发展,追求特殊体验的第三代文化旅游。国家考古遗址公园作为重要的旅游目的地,具备开展这种技能型旅游要求的所有条件。因此,国家考古遗址公园应该构建基于公众享用理念支持的第三代文化旅游开发序列,即进入追求公众美好体验的创意旅游阶段。

1. 以国家考古遗址公园自身 IP 为核心升级文化旅游

在文化旅游 2.0 时代,国家考古遗址公园自身 IP 是具有高辨识度、强变现穿透能力、长变现周期且自带流量的文化元素符号。应充分发挥国家考古遗址公园的公园属性,通过文化、旅游甚至体育、会展、文创等的 IP 组合,丰富文化旅游产品的内容,提升文化旅游产品的流量和附加值。以文化和旅游融合发展为基础与导向,遵循"宜融则融,能融尽融;以文促旅,以旅彰文"的思路,充分挖掘国家考古遗址公园的 IP 元素,升级文化旅游新方式。

2. 重视国家考古遗址公园的文化内涵挖掘

国家考古遗址公园具有丰富而庞大的文化遗产资源,要让文物活起来,就必须使文化遗产从书本和历史中走出来。国家考古遗址公园文化旅游发展需要深入挖掘遗址文化的内涵,将代表该国家考古遗址公园的文化元素融入文化旅游项目和活动中,讲好遗址区文化故事,传承文化基因。

3. 形成国家考古遗址公园文化旅游的实体产品

加强国家考古遗址公园文化旅游行业的拓展与融合,延伸旅游产业链,拓宽旅游产业面,做大做强以文化旅游产业为引领的复合产业经济,创新发展模式,打造文化旅游集聚片区,培育研学旅游综合体品牌,加快形成一批"文化旅游+"产业融合发展的实体产品。

4. 增强文化旅游企业创新意识

随着大众旅游时代的兴起,新产品、新业态不断涌现,为拓展旅游新市场、新空间、新领域带来了机遇，为国家考古遗址公园带来了新的发展动力。企业成为推动文化旅游融合发展的重要力量，无论是旅游企业，还是文化企业，都应意识到企业要想生存和发展，就必须具有创新的理念和精神。新时代，文化旅游企业应充分利用互联网、大数据技术，深度挖掘客户需求，不断创新文化旅游产品和服务，注重提升客户体验，提高市场竞争力，从而推动产业的转型升级。

三、强化国家考古遗址公园的基础设施建设和长效管理

国家考古遗址公园是一种特殊的公园，在遗址保护这一最高要求和目标下，国家考古遗址公园应紧跟国家重大部署，重视功能属性发挥，强化旅游服务基础设施建设和长效管理，进而推动文化旅游向纵深发展。同时，应完善无障碍设施、规范标识，加强厕所管理，通过搭建旅游服务监管平台，开发旅游监管 APP，建立旅游信息数据库，为公众提供文化旅游一键导航服务，实现随时评价、及时反馈、有效整改的旅游服务监管机制，为游览国家考古遗址公园的公众提供便利的服务。

第二节　场所精神塑造

一、场所精神对国家考古遗址公园塑造的意义

场所精神强调的是一个人记忆以及体验的具体的物体化和空间化，表明了一个人对地方的归属和认同，它存在的意义是延续并增强场所的活力，而不仅仅是维持现状。众所周知，国家考古遗址公园显性的因素有限，因此场所精神对国家考古遗址公园文化内涵的彰显与体验非常关键，其中所表现的人与自然的场所精神因素至关重要。从某种程度上讲，若原真性是文化遗产的核心，那么场所精神则是体现遗产文化特质的核心。

随着全球遗产科学和遗产事业的发展，相关学者对"原真性"这一概念

的理解和运用出现了新的变化,西方国家的石质建筑遗产易于原真保存,而源于中国古代的木建筑难以原真保存,因此整个东亚地区更强调建筑场所的文化原真性,通过文化场所的重建,恢复及重塑精神文脉,实现文化遗产有效传承的目的。如果过于拘泥西方国家定义的原真性,那么中国国家考古遗址公园现存的大量文化遗存,包括建筑、场所、环境等元素多不符合其标准。但事实上,国家考古遗址公园一脉相承的场所精神以及原真性保存得极为完整,其内涵也在逐渐丰富。一般而言,特定的场所包含过去的一系列事件与信息,从而使场所具有一定的文化意义。国家考古遗址公园的历史记忆和独特性信息是紧密联系在一起的,如中国很多古代建筑或景观,无不依托场所蕴含的文化内涵而重生。也就是说,场所精神最能够表达国家考古遗址公园的历史记忆。

对于国家考古遗址公园来说,虽然可视化的元素不多,但如果其内在的场所精神足够强大,大遗址保护的意义同样可以凸显出来。例如,站在陕西咸阳原上,面对汉朝帝王陵那高大的封土冢,遥想大汉雄风,怎么能不思考汉朝给我们留下的丰厚的文化与物质遗产。从汉族的形成、汉人的称谓……从社会制度、思想文化到汉民族的生活方式与习俗,我们今天的生活有多少不是从汉朝传承来的?而在汉朝被确立为指导思想的儒家学说,更是潜入了中华民族的骨髓,成为中国人难以磨灭的精神气质(王子今,2005)。鲁迅在《坟·看镜有感》中曾经这样评论汉文化,"遥想汉人多少闳放,新来的动植物,即毫不拘忌,来充装饰的花纹。""汉唐虽然也有边患,但魄力究竟雄大,人民具有不至于为异族奴隶的自信心,或者竟毫未想到,凡取用外来事物的时候,就如将彼俘来一样,自由驱使,绝不介怀"。如果来到咸阳原,虽然芳草萋萋,古冢累累,但当夕阳渐落时就会体会到李白在《忆秦娥》中的名句:"乐游原上清秋节,咸阳古道音尘绝。音尘绝,西风残照,汉家陵阙。"这就是精神气质——场所给予的感受。

二、国家考古遗址公园场所要素的构成

国家考古遗址公园的文化旅游开展,在保护历史文化遗存中进退有据,并非使场所精神丧失,沦为普通的公园。因此,应重点关注探究国家考古遗

址公园的精神含义而非实用层面，也就是说，"表达生活情境"的艺术作品来自生活情境的"具现"。人的基本需求在于体验生活，并且其生活情境是有意义的，国家考古遗址公园存在的目的在于保存并传达意义。国家考古遗址公园是承载公众历史文化记忆的场所，以不同的情境和不同的解决方式，满足人们在物质上和精神上的需求。

因此，国家考古遗址公园作为大遗址保护与利用的实践尝试，每个细节都富有鲜活的生命力和厚重的历史感，寄托着公众的人文情怀和精神信仰，所以文化旅游的开展，不仅是对考古遗址遗迹及具体遗产物件的保护，更是对遗址遗迹依托文脉的共享。场所精神和人杰地灵中的"地灵"不谋而合。每个地方、每个场所都有它特定的"气氛"。但这不仅仅是一种抽象的概念，还可以用非常具象的方法表达出来。场所产生的前提是必须在一段时间内保存其认同感，保护和保存国家考古遗址公园的场所精神就意味着以新的历史脉络，将场所本质具体化。

对国家考古遗址公园的场所精神构成进行分析，有助于进一步实施文化旅游策略，具体来说主要包括实体形态、活动和含义三方面。

1）实体形态主要是指国家考古遗址公园的空间形态、建筑与小品、环境风貌、道路游线等。若想最大限度地保留原有的尺度与空间特色，则应减少公园内的现代建筑物与构筑物，并利用富有秩序的考古信息的关系组织游线，形成有收有放的空间秩序，同时注意空间、尺度和细部的变化，进而创造丰富的视觉感受。

2）活动主要是指在考古科研保护前提下可以开展的活动，如游憩、专题陈列、休闲、小坐等。对于无形的历史信息，则需要从挖掘国家考古遗址公园的历史文脉入手，创造富有特色的可体验项目。

3）含义主要是指对国家考古遗址公园精神的解读，依托实体形态和活动组成，创造多样化的场所精神。

三、国家考古遗址公园场所空间的文化解析

国家考古遗址公园塑造了一个具有延伸性的文化空间，游憩主体、文化活动和场所精神是文化空间形成的三大机制，如图 4-1 所示。国家考古遗址

公园场所的文化提取非常重要，国家考古遗址公园不仅可以提供文化旅游产品，还可以重塑场所环境氛围，再现场所文化本质。这样的文化体味在于让公众感受、体验乃至认同场所精神，诠释和落实"历史的未来"和"未来的历史"。

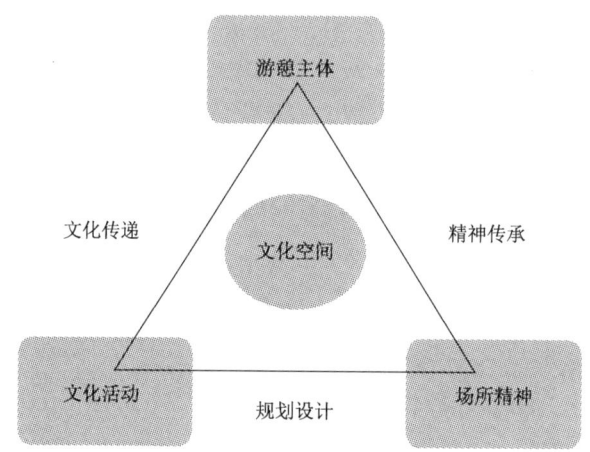

图 4-1　文化空间的形成机制
资料来源：侯兵等（2011）

因此，基于场所精神理论，着重研究国家考古遗址公园遗址本体及其他意象元素蕴含的历史信息，如何有效地转化为可体验的文化旅游产品很有必要。文化旅游依其本质而言，可通过旅行的艺术将公众置身于一种不同的文化环境中，能给公众和接待目的地提供更多、更独特的东西。

聚合创意是时下人们破解文化空间迷思的激活元素，文化的意义在于通过设立国家考古遗址公园，让看似静止的遗址资源活化，并借助创意转换为产品，实现真正意义上的共享。国家考古遗址公园应借助创意等方式复活传统元素，触动观者的心灵，这样才有可能让文化回归现实，让历史回归生活。从遗址—场所—意象—文化—创意—产品一脉相承地进行开发策略的制订，使丰富的文化遗产资源在国家考古遗址公园综合功能中发挥更重要的作用。其中，适宜的场所空间不仅需要人的默语倾听，还需要人的兴然会应。

四、国家考古遗址公园场所精神塑造策略

1. 挖掘场所精神和文化意象的文脉资源,延伸、创新文化遗产价值

为了彰显国家考古遗址公园遗址的本真性,需要深入梳理国家考古遗址公园场所反映的文化传统因子,尊重场所精神,这样才能彰显地域文化特色。

首先,应挖掘整理具有特殊意义或代表性的符号,并提炼出可以扩展的符号,彰显亘古的丰厚积淀,唤起人们对历史的尊重。其次,将反映遗址的"新"合理移植于"旧"中,即在游憩空间中表现更丰富的功能,使文化遗产合理的变化和延续,甚至可以将人们习以为常的符号加以改造、变形、分裂甚至重组,不断创新,最终实现遗址记忆在发展中延伸,在场所精神中再现。在遗址保护中应将这些具有特殊意义或代表性的文化元素加以挖掘,并不断探索,才能感受到遗址保护的本质是文化、灵魂、寻踪,才能在游憩空间表现出文化旅游开发的核心价值,即体验、求知、休闲。

2. 复原、重建国家考古遗址公园场所空间,凸显文化遗产综合职能

为使文化价值、功能价值和形象价值在现代语境下凸显,国家考古遗址公园应融合国家考古遗址公园的文化空间、商业空间、游憩空间和遗产空间,并形成综合体,凸显遗址的综合职能,使国家考古遗址公园场所空间与文化目标相匹配,如图 4-2 所示。

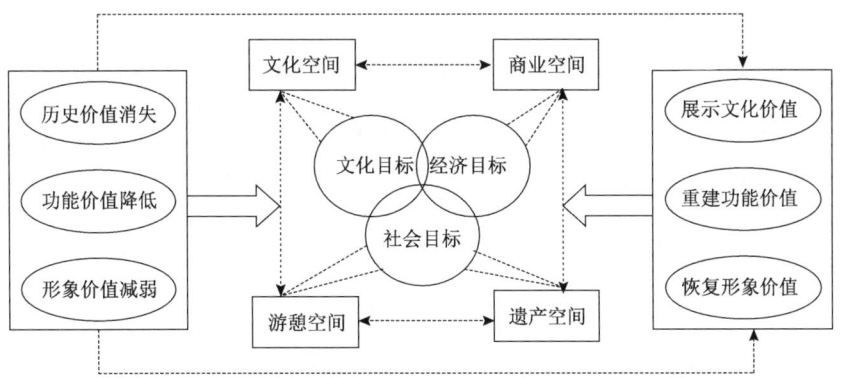

图 4-2 国家考古遗址公园场所空间文化目标匹配示意图

3. 优化、升级文化旅游产品，重塑国家考古遗址公园游憩空间

国家考古遗址公园具有研究、审美、游览、科普、宗教、文化交流等功能，而游憩空间主要发挥游憩、休闲、娱乐、健身、度假等作用。从特定的视角来看，应将国家考古遗址公园遗址空间与游憩空间的功能加以区别并有机组合起来，使一个场所可以完全融汇两个场所的功能而并行不悖。国际旅游发展的经验显示，在旅游资源走过普遍开发阶段之后，文化将成为优化升级文化旅游产品的重要驱动力。例如，"北京2049"国家公园战略针对遗址公园的发展，强调应结合现有的生态环境和历史遗产，优化旅游产品，发挥遗址公园的文化与游憩功能，为市民提供陶冶情操、接触自然、感受历史文化的机会（王珏，2009）。

4. 建设国家考古遗址公园文化旅游体验场所，探寻、创新文化旅游活动模式

国家考古遗址公园可以按照融合文化场所、商业场所、游憩场所和遗址场所的发展理念，针对商业活动、游憩活动、文化活动和保护活动实施相应的开发策略，注重公众的美好体验，增加活动场所、丰富活动项目，提高遗址场所的游览性和参与性；创新主题，构建多元化复合型产业体系；让公众参与文化旅游推广。此外，还可以尝试将宏观区域和中观目的地特殊的历史文化吸引物，在微观国家考古遗址公园以动态和静态的形式表现出来，使多种功能空间完美地契合和重置在一起，既能满足现代化生活的需求，又能有效保护和发扬国家考古遗址公园场所文化，进而达到经济、文化、商贸、环境、社会等多目标双赢的效果。

5. 充分利用遗址历史文化信息，提升国家考古遗址公园文化创意附加值

应巧妙运用文化创意元素有效提升国家考古遗址公园在当代的文化价值，如通过遗址环境规划设计、非物质文化表演展示、工艺品设计与制作、文创产品营销、动漫影视作品传播等方式彰显遗址内蕴的历史文化信息，逐步培育遗址公园文创产业发展的核心竞争力，让文化创意成为丰富历史文化旅游产品的主要途径之一。

6. 大力开发具有"金色记忆"的文化纪念品

面对目前部分国家考古遗址公园文化纪念品单调、陈旧、雷同等现状，如何使文化纪念品成为公众可以带走的积极记忆，而不是负面记忆，是一个值得关注的问题。开发和提供具有文化价值与良好品质，且便于购买和携带的文化纪念品，不但可以实现国家考古遗址公园的公众教育功能，还可以为公众提供美好的记忆与游览体验。

第三节 游憩功能提升

《国家考古遗址公园管理办法（试行）》的第二条强调，国家考古遗址公园以重要考古遗址及其背景环境为主体，具有科研、教育、游憩等功能。其中，游憩功能被正式提出，说明了游憩对公众感受文化遗产与美好生活的重要性。以考古遗址资源为吸引力因素的文化旅游，在很多情况下和游憩息息相关，表明了国家考古遗址公园承载游憩功能的重要性。人们应致力于保护国家考古遗址公园的历史遗迹和自然资源，同样地，国家考古遗址公园也应为日益庞大的公众群体提供游憩机会。这一点在欧美发达国家的国家公园建设中都有所体现，它们都会强调加入国家公园体系的首要前提是如何凸显游憩功能。以美国为例，许多国家公园体系中的成员在建立时都要确认各自在服务功能中能够提供的游憩机会。其中，被公众利用和欣赏的程度，即提供服务的潜力大小是评估新成员时考虑的一个重要因素。在申请加入国家公园体系时，应将提案成员和体系内的成员做对比，以此分析两者在特征、质量、数量、资源组合，尤其是为公众提供游憩机会等方面的差异性和相似性。

大众化的休闲是中国社会文明进步发展必须正视的话题。随着闲暇时间的增加，游憩在人们生活中扮演着越来越重要的角色。由此可知，游憩是代表一个国家或城市进步的核心要素，因此应积极利用国家考古遗址公园这一重要资源。国家考古遗址公园是重要的游憩空间，渗透了人们对考古知识、历史遗产保护、文化、艺术体验等的鉴赏与追求，因此如何让大家更好地度过闲暇时光，是构建国家考古遗址公园游憩系统需要考虑的核心要素。

一、解读游憩

1. 游憩的含义

国家考古遗址公园是重要的游憩空间。游憩功能是国家考古遗址公园的综合功能之一，掌握游憩的含义，可以更清晰地了解如何在国家考古遗址公园的特定空间提升游憩功能。

在中文语境下，游憩代表的是走出常住地和休息，这是构成游憩的两个基本要素。另外，古人的游憩还具有学习和文化的含义，注重心无羁绊、从容自得。因此，从字义溯源了解游憩，其强调的是怡然自得的精神追求状态。在今天的学科研究中，游憩的含义有很多，但本意是恢复，表达的是创造、恢复、从事快乐的事情、注重身心健康等。游憩是人类自身的需求，并对个人发展具有重要意义。东方传统游憩的特点是讲究内外兼修、广大和谐、情景交融，寓教于乐、愉悦身心是游憩的目的，在此基础上，应创造合适的条件，积极引导游憩走向智慧、快乐、创新、发展、和谐（王珏，2009）。

在国外研究的历程中，游憩不仅代表活动，还具有空间的含义。游憩和公园是一个常用的词汇组合，即 park and recreation。在美国，从城乡到州政府都有一个部门——公园与游憩管理部（Department of Park and Recreation），该部门主管城乡公园与游憩，可见公园与游憩在城市和乡村发展中的重要性（董二为，2019）。美国的大沼泽国家公园和中央公园、日本的代代木公园，都是通过游憩功能设计，打造和谐城市基底的成功典范。

2. 与游憩相关的概念阐释

在人们的精神追求不断升级的时代，游憩对于个人和社会都是不可或缺的，成为大众休闲时代的一种生活方式。与游憩有相近含义的概念还有休闲、闲暇和旅游等，对这些概念进行对比分析，对于丰富研究视角以及更好地进行游憩管理很有必要。

（1）游憩与休闲

休闲对应的英文为"leisure"，基本可以和游憩互换，更强调人的轻松和宁静状态。"休闲"一词在心理学、社会学中用得更多一些，表达的是一种精神状态。而游憩强调的是一种人的活动，以及与社会、经济、环境等方面的关系。随着中国人休闲方式的多样化发展，休闲概念的外延越来越大；不同的学者对休闲有不同的认识。相关学者指出，休闲是人力资本积累的一种形态以及人们生活满意度和幸福度提高的重要维度。作为人的生活价值观，休闲观已成为国家经济形态的影响因素之一[①]。很多时候，休闲和旅游常在一起被使用，甚至旅游也被归属为休闲的一部分。

（2）游憩与闲暇

闲暇可以理解为自由的、没有压力的状态（吴承照，1998）。在许多研究中，闲暇就是指闲暇时间，与 free time 是对应关系，指除了上班者的工作时间、学生的学习时间、个人生活必需时间、必要的家务劳动和家庭责任时间之外，人们可以自由支配进行休息、娱乐、学习、交往等活动的时间。闲暇和游憩关系密切，人类的许多游憩活动都是在闲暇时间内完成的。

（3）游憩与旅游

旅游对应的英文为"tourism"，关于旅游的定义有很多，不同研究者的视角不同，对于旅游含义的理解也不同。其中，有代表性的是艾斯特定义——非定居者的旅行和暂时居留而引起的一切现象和关系的总和。这些人不长期定居，而且原则上不从事赚钱活动。该定义概括了旅游的两个基本特征：暂时性和异地性。在很多情况下，旅游者和游憩者很难完全分开，有的研究将旅游包含在了游憩中。例如，王珏（2009）认为旅游是一种更为高端的游憩活动，它的发展情况是游憩这个庞大系统的晴雨表。

二、游憩功能对国家考古遗址公园文化旅游提升的意义

游憩功能是国家考古遗址公园的重要功能之一，良好的游憩管理对公众生活品质的提高和文化休闲的拓展具有重要的指导意义。文化旅游是国家考

---

① 中国休闲农业发展现状、问题与对策[EB/OL]. http://www.sohu.com/a/335785862_99902814 [2019-11-21].

古遗址公园游憩功能彰显的有效路径,文化旅游的产品设计在很大程度上通过游憩来实现和体现。文化是维系国家精神的纽带,其中游憩和文化的关系最为密切。文化旅游对国家考古遗址公园的影响在很大程度上依靠游憩来实现。另外,国家考古遗址公园是城市历史进程的重要载体,而城市进程需要的活力和动力可以通过国家考古遗址公园的游憩功能实现。

三、国家考古遗址公园的游憩空间内涵

游憩空间是人们从事休闲活动的场所,是休闲文化的重要组成内容,泛指人们消遣、社交、游玩的场所,但比娱乐空间更接近事物的本质。更为重要的是,游憩空间是人类文化的创造物,是传承人类历史文化遗产的载体。随着城市化的迅速发展,人们的闲暇时间增多,"游憩"一词越来越能体现休闲与创造的意义。

首批 12 处国家考古遗址公园的周边环境各不相同,可利用的空间在功能、规模、生态、立意、网络化等方面都有特殊的表现,面向本地居民和外来游客,都有不同类型的游憩空间和各种游憩文化设施。国家考古遗址公园游憩空间系统分类见表 4-1。

表 4-1　国家考古遗址公园游憩空间系统分类

项目	国家考古遗址公园及周边主要功能空间	干类	支类
面向本地居民	城市公园	专类公园、街旁绿地、步行林荫道	盆景园、植物园
	郊野公园		湿地公园、森林公园、观光农业园
	遗址公园道路及绿化	游憩带绿地及设施	
	文娱体育设施	艺术剧场	音乐厅、多功能剧场、歌舞剧场、电影院、杂技厅
面向本地居民和外来游客	大遗址区、史迹地	遗址、纪念地	
	文博教育空间	博物馆、展览馆、艺术馆	遗址博物馆、考古体验中心
	特色建筑物	独立建筑	复原建筑(群)
	商业游憩空间	外围商业街、食宿娱乐场所	游客中心

资料来源:王珏(2009)

随着游憩公共空间的发展，历史文化遗产的重要性逐渐增强，这样的新现象使得国家考古遗址公园及其周边环境承载的功能越来越丰富。国家考古遗址公园及其周边环境边界的逐渐消失，使得国家考古遗址公园与自然环境、绿地的结合越来越紧密。文化和精神的表达是国家考古遗址公园游憩空间的品质所在，因此要借助自然文化资源、步行道路、绿化系统、商业空间构建丰富的国家考古遗址公园游憩空间。当旅游与休闲成为普遍的行为方式时，国家考古遗址公园的游憩空间就理所当然地成为感受文明、理解文化的综合文化生态环境。

对于国家考古遗址公园来说，应当厘清游憩系统中的要素，哪些可以作为游憩资源，哪些不适合作为游憩资源。尤其是对于国家考古遗址公园的核心遗址本体来说，保护是所有的前提。一切都应以保持遗址的原真性为前提，保护不等于不发展，任资源自生自灭，而是在合适的尺度空间寻找游憩机会，提升游憩功能。因此，在国家考古遗址公园的空间中，应建立层级保护以保证核心敏感的遗址本体受到绝对的保护。王珏（2009）指出，在考古遗址公园内，核心遗址区、考古发掘预留空间、生态环境和社会文化敏感脆弱区、未来游憩发展具有战略意义的预留区等都应作为重点控制的区域。在对国家考古遗址公园的整体游憩资源和条件进行梳理后，应明确禁建区、限建区、控制区等，科学划定不同区域的游憩利用程度。

因此，游憩是个系统工程，需要游憩规划来支撑，从保护性、层次性、渗透性、动态性的视角进行审视，一方面需要对国家考古遗址公园的空间与设施、游憩活动、游憩功能进行完善；另一方面需要对相关的社会、文化、生态等发展要素进行统筹安排。

四、塑造富有文化特色的国家考古遗址公园游憩系统

1. 游憩系统构成分析

游憩功能是国家考古遗址公园建设的基本功能之一，国家考古遗址公园本身是人居环境中的重要空间，其要素和人居环境的五大系统，即自然系统、人类系统、社会系统、居住系统、支撑系统有关（吴良镛，2001）。

对于自然系统来说，国家考古遗址公园中的很多地方采用绿化覆盖的形式，如湿地、林地等生态绿色空间，这样的绿色空间与游憩空间在很大程度上是叠合的。对于人类系统来说，休闲是人们生活的重要组成与基本需要，国家考古遗址公园可以满足人们休闲娱乐、寓教于游的需求。对于社会系统来说，游憩与交往互为动机。对于居住系统来说，国家考古遗址公园及其周边环境构成了人们的生活空间，丰富的文化境域和良好的环境氛围为人们提供了高品质的游憩和居住环境。对于支撑系统来说，现有的公共服务设施给游憩提供了保障，甚至带动了第三产业——服务业的发展。因此，国家考古遗址公园作为公共空间和人居环境的一部分，需要从更广泛的视角去考量它的开发利用价值和社会功效，以实现国家考古遗址公园联盟倡导的与人、与自然、与社会的和谐的目标。

综上所述，从可操作性的角度来看，国家考古遗址公园游憩系统构成如图 4-3 所示。

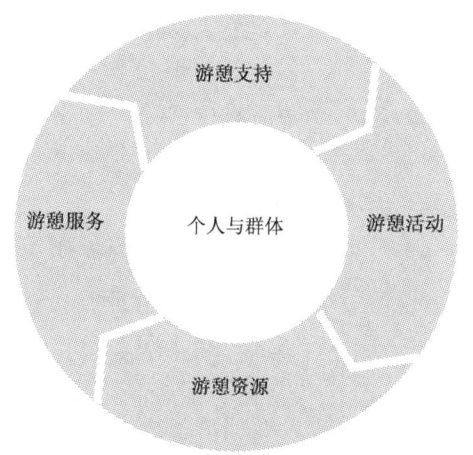

图 4-3　国家考古遗址公园游憩系统构成示意图

一个完整的国家考古遗址公园游憩系统由游憩主体和游憩外部条件组成，其中游憩主体是指具有不同游憩动机和需求的个人与群体，主要是指参观国家考古遗址公园的公众，包括本地居民和外来游客。游憩外部条件是指对游憩质量产生影响的主要因素，主要包括游憩活动、游憩资源、游憩服务、游憩支持。其中，游憩活动是指游憩的具体类型和活动内容，是游憩系统的核心要素。游憩资源是指承载游憩活动的物质空间环境及相关设施，是游憩系统的基础。游憩服务是指为游憩提供的相应服务，如解说、考古体验、论坛交流、数字旅游等，是游憩系统的引导。游憩支持是指对应的资金、组织、政策、规划等的指导，是游憩系统的保障。四部分内容紧密关联，游憩资源、游憩支持都是为游憩活动服务，并互相影响，游憩支持是游憩活动得以在国家考古遗址公园开展的必要条件。

2. 提升游憩功能的途径

随着生活水平的提高，人们对精神生活的追求也在增加，国家考古遗址公园游憩空间显得弥足珍贵，尺度较大的国家考古遗址公园涵盖了具有丰富历史文化遗产的地区。国家考古遗址公园内的河流、湿地、丘陵等资源特色符合游憩体验。这有助于拓展人们在国家考古遗址公园的游憩活动，实现"情感与文心""情景交融""物我合一"的美好积淀，从而提升环境意境。

因此，要有计划地对国家考古遗址公园的游憩空间进行功能拓展，具体途径如下：

1）确保核心的遗址遗迹不受破坏。重视国家考古遗址公园内游憩资源的有限利用，发挥游憩的生态、文化效益功能，预留未来的游憩机会。严格控制国家考古遗址公园的重点区域，确保国家考古遗址公园始终能够拥有最珍贵的"家底"。例如，鸿山国家考古遗址公园的湿地公园拓展，就是对这里原始生态环境保护与利用的特殊形式，有助于创造和展现鲜活的自然情境。

2）注重游憩功能的网络化布局。对于国家考古遗址公园而言，在大尺度的范围内，建立核心大遗址、周边展示区、公共绿地等有机结合、彼此联系的生态廊道，是保持游憩连续与完整的条件，也符合斑块—廊道—基质结合的要求。对于国家考古遗址公园及其周边环境来说，游憩系统的网络化布局可以串联宏观、中观、微观格局中最精华的遗址遗迹资源、最令人们怀想的历史文化记忆部分、最具特色的城市广场、最具文化创意的核心地段、最优雅的自行车道、步行道等，逐步形成科学合理、系统有机的游憩网络组织结构。

3）注重软件服务的支持与优化。首批 12 处国家考古遗址公园都是高品质旅游景区，在一定程度上可以成为国家考古遗址公园游憩服务的亮点。通过游憩服务优化文化旅游，可以使公众获得更多美好的游憩体验。其中，游憩解说是提升国家考古遗址公园公众教育水平的重要手段。游憩解说对于人们在娱乐中更好地理解和欣赏国家考古遗址公园的内涵，自觉保护遗址遗迹，具有积极的作用。

4）重视游客中心游憩功能的发挥。对于国家考古遗址公园的空间分布来说，游憩功能的发挥要以保护遗址遗迹为前提，同时还要为考古发掘预留足够空间，因此对于可利用的空间，提升其游憩功能显得尤为重要。从国家考古遗址公园的微观层面来说，需要充分发挥游客中心的作用，同时可通过为人们提供多元化的游憩选择，进而达到"有机、共享"的目的。目前，首批 12 处国家考古遗址公园游客中心的游憩功能单一，有的仅是便民中心，有的甚至形同虚设，仅仅作为公众索取景点介绍的渠道或者购票中心，再无更多的功能发挥。未来完备的国家考古遗址公园的游客中心应该是一个向公众进行系列化、全方位信息咨询与游憩引导的机构。

实际上，美国的游客中心可以提供很多启示和借鉴。郑杨（1998）提到，在美国，游客问询中心（Information Center）和游客中心（Visitor Center）是不同的概念。游客问询中心主要是指一些景区景点为完善自身的公众服务而设置的服务机构，是在景区的入口附近提供信息与服务的场所，包括对景点游览线路和历史景观特色等相关内容的介绍，同时还会安排相关的陈列展览，并且出售一些纪念品。游客中心作为城市综合游憩服务的窗口，除了为人们提供丰富实用的信息外，还要做好公众的参谋，解决公众游憩中的很多实际问题，甚至提供多种社会性的公益服务，以显示城市的好客度。游客中心是联系游憩人群、服务提供者与有关管理部门的纽带，因此对于国家考古遗址公园的游客中心来说，可以借鉴国外值得推介的好方法，如建立一个及时准确发布考古信息、游憩解说、提醒交流等的平台（郑杨，1998）。从功能多元（可塑环境、随机应变）、立意的场所（对文化和精神的表达）来审视，国家考古遗址公园成为人们乐于逗留的地方，且这些国家考古遗址公园的核心遗址本体经过时代的积淀，赋予了时间的烙印，富有意境，并且经过新时代更多内容的注入，内涵也在不断丰富，进而成为游憩的精华空间，这些环境的意境和会心处有助于人们更深刻地理解遗址的内涵。因此，要提升国家考古遗址公园的游憩功能，避免游憩空间体系的趋同，注重游憩活动的引导，将国家考古遗址公园蕴含的文化渗透到游憩系统中。

3. 嵌入种植法维护游憩平衡

国家考古遗址公园的游憩系统，既要求游憩空间与国家考古遗址公园外的环境要实现共享与交流，也要求国家考古遗址公园范围内自身的游憩空间应满足公众需求。国家考古遗址公园的游憩空间可采用嵌入种植法来维护游憩平衡。

嵌入种植法中的"嵌入"、"种植"概念源自共生理论。"嵌入"指基于手工文明的发展概念，将普通材质加工为工艺品的过程，强调点石成金。"种植"指基于农耕文明的发展，强调农业生态文明关系的重要性。运用嵌入种植法，在国家考古遗址公园内通过游憩空间的重构，有利于丰富公众游憩体验，使其更充分地感受田园、绿地、历史的氛围。但是嵌入种植法不主张单纯为了实现功利目的而建设，而应按照国家考古遗址公园的特殊功能，以及公众对特定空间内的游憩意愿进行重新组合和改良。为此，嵌入种植应提供足够的游憩空间、充足的新鲜空气、特色的植被、个性化的遗址遗迹展示空间。

国家考古遗址公园内的核心区是大遗址需要保护的区域，既要保护遗址遗迹不受游憩的干扰，又要确保游憩活动的顺利进行。因此，在国家考古遗址公园内，嵌入应在尊重国家考古遗址公园内的生态基质（原有材质）的前提下进行，目的是使嵌入的内容与被嵌入的区域相得益彰，实现国家考古遗址公园的建设目标——追求与人、与自然的和谐共生。

五、国家考古遗址公园的游憩系统规划与质量评价

1. 规划途径与方法

游憩系统由与公众的游憩活动相关的多种要素组成，具有一定的层次和结构体系，可对国家考古遗址公园游憩功能的实现起重要作用。首先，游憩

空间的确定与拓展，是国家考古遗址公园文脉传承的空间保障，需要层级保护、重点控制、有机发展；其次，需要开展公众广泛参与的、形式多样的游憩活动，注入考古教育与媒体引导宣传；再次，游憩需要政策、资金、管理等多方面的支持；最后，需要通过游憩体验随时反馈游憩质量，进而不断完善游憩系统。

目前，关于国家考古遗址公园的规划主要有《国家考古遗址公园规划编制要求（试行）》和《全国重点文物保护单位保护规划编制要求》等。国家考古遗址公园的游憩功能是城市游憩功能的一部分，只是被分割到不同的规划类型和项目中，如旅游规划、绿地系统规划、历史保护规划、商业空间规划、文化规划、社区文化规划等，都只兼顾到游憩的局部。未来国家考古遗址公园长远的建设发展，不能忽略对游憩的专项规划，在人居环境中，从区域、城市、社区层面延伸到国家考古遗址公园所属的地段、景区层面，进而提升游憩功能。

国家考古遗址公园的游憩系统规划的途径与方法如下：对于国家考古遗址公园地段层面的游憩资源整合；对于国家考古遗址公园内生态环境要素、历史文化要素等的脉络进行梳理；通过规划完善国家考古遗址公园内及其周边环境的游憩布局，整合资源、资金、人才等；确定核心游憩活动、游憩线路、交通线路、合作进程、游憩网络、智慧游憩、数字化游憩等。

2. 游憩系统质量评价引导

目前，首批 12 处国家考古遗址公园基本建立了较为完善的游憩系统。除此之外，在动态的发展过程中，科学的游憩质量评价也很重要。

对此，参考美国萨蒂（Saaty）教授在 20 世纪 70 年代提出的层次分析法（analytic hierarchy process，AHP），对影响国家考古遗址公园游憩功能的很多复杂因素按照重要性进行排序评价，找出关键因子。参照王珏（2009）建立的城市游憩发展质量综合评价的层次分析模型层次结构表，针对地段层面的国家考古遗址公园，尝试简单勾勒层次结构表，目的在于寻找关键核心影响因子。结合层次分析框架中的目标层、准则层、标准层、指标层构建了国家考古遗址公园游憩发展质量综合评价层次分析模型层次结构表（表 4-2）。

表 4-2　国家考古遗址公园游憩发展质量综合评价层次分析模型层次结构

目标层	准则层	标准层	指标层
A 国家考古遗址公园游憩发展质量综合评价	B1 游憩条件提供与相关支持	C1 游憩资源、空间与设施配置条件	D1 数量与容量
			D2 布局合理性
			D3 安全性
			D4 可达性
			D5 游憩资源内涵与价值
			D6 受益群体
		C2 游憩活动类型	D7 游憩类型与丰富度
			D8 艺术文化
			D9 节庆活动
			D10 社区活动组织
			D11 相关活动参与度
		C3 支持体系	D12 资金条件
			D13 游憩教育
			D14 志愿者服务
			D15 解说系统
			D16 管理措施与政策
			D17 相关规划衔接程度
	B2 游憩综合影响	C4 文化发展	D18 物质遗产保护
			D19 非物质遗产保护
			D20 人口教育素质提高
			D21 新兴文化艺术培育
			D22 传统文化艺术传承
		C5 社会效益	D23 考古遗址公园知名度提高
			D24 公众考古教育普及
			D25 城市形象与知名度提高
			D26 城市面貌改善
			D27 地方认同感、自豪感、好客度
		C6 经济效益	D28 游憩对 GDP 的贡献
			D29 文化产业发展水平
			D30 考古遗址资金支持
		C7 生态环境	D31 城市绿地规模与质量
			D32 对湿地、森林等生态环境的改善与保护
			D33 环保意识增强
		C8 社会状况	D34 生活方式的良性引导
			D35 文化传承、价值观影响深远

资料来源：王珏（2009）

第四节　多元教育拓展

一、公众考古教育

《国家考古遗址公园管理办法（试行）》提出，国家考古遗址公园除了游憩功能之外，另外一个重要的功能是科普教育。充分发挥国家考古遗址公园的教育功能是大遗址保护的新理念。随着大遗址保护实践的不断深入，国家考古遗址公园在创建和运行中与公众建立起越来越密切的关系。考古资源是全民族的共同财产，公众有权了解考古资源的保存、保护和科研情况。对公众进行必要的宣传和教育，让公众参与、理解并支持大遗址的保护与管理是国家考古遗址公园得以持续建设的坚强后盾，是大遗址合理利用的应有之义。

因此，在国家考古遗址公园内展开公众考古教育，是对公众考古学的拓展，通过公众考古教育将考古学普及置于整个国家考古遗址公园的综合功能实现中。国家考古遗址公园理念的实践是通过交流和解释进行的。交流，是考古机构、考古学家与公众的一种互动；解释，是考古工作者用深入浅出的语言让公众听得懂、看得懂考古成果。这样的理念与国家考古遗址公园存在的意义和价值具有一致性。

近年来，中国公众考古教育的实施形式主要包括考古遗址公园、遗产实践、宣传日和相关活动，以此促进考古资源的社会化发展。联合国教育、科学及文化组织在《关于在国家一级保护文化和自然遗产的建议》中建议，各成员国应开展教育运动以唤起公众对文化和自然遗产的广泛兴趣和尊重，还应继续努力以告知公众为保护文化和自然遗产现在正在做些什么，以及可做些什么，并谆谆教诲他们理解和尊重其所含价值。为此，应动用一切所需之信息媒介[①]。因此，国家考古遗址公园的公众考古教育应与考古研究工作和文化传播及公众服务紧密结合。不仅应重视考古遗址价值研究和考古成果的

---

① 关于在国家一级保护文化和自然遗产的建议（摘录）[EB/OL]. http://www.china.com.cn/zhuanti2005/txt/2003-07/22/content_5370700.htm[2003-08-22].

转化，还应多开展公众考古教育活动，如历史场景复原参与体验、模拟考古体验与认知、遗产日及博物馆日专题活动等。

二、游憩教育

1. 游憩教育的意义

对于国家考古遗址公园来说，游憩教育是对人们的科普教育、游憩思想与技能进行正方向指导的一种最直接的教育类型。随着游憩成为人们生活不可或缺的内容，引导公民如何休闲成为国家考古遗址公园责无旁贷的任务。国家考古遗址公园是进行文化传播、开展遗产教育的重要载体，同时也是公众参观、休闲活动的重要场所。因此，文化传播与休闲服务的游憩教育对于更好地实现游憩功能，具有十分重要的意义。

2. 游憩教育的环节及方法

国家考古遗址公园的游憩具有教化作用，因此必须在国家考古遗址公园空间中积极发挥游憩教育的功能。游憩教育的环节包括：游憩知识的教育、游憩技巧与能力的养成、游憩意识与价值观教育。游憩研究涉足的学科很广泛，如社会学、休闲学、文化学等。随着教育概念内涵与外延的不断拓展，环境教育、环保教育、职业生涯教育、休闲教育、户外教育、行前教育等新教育理念与模式被发掘出来，成为提高国民教育水平的必要手段。这一点在美国等西方国家早已得到重视，美国许多相关杂志都撰文阐述"休闲教育"的作用，强调闲暇教育必须是每一位教育者的任务，不论他从事的是哪一门学科的教学工作。对于公众的休闲教育来说，国家考古遗址公园管理者或者社区应承担闲暇教育工作。例如，在开设各种游憩科目和活动时，要涉及游憩观念、游憩知识、游憩技能和游憩行为引导等方面的内容。通过开设音乐、戏剧、绘画、体育、游戏、户外消遣等活动，引导公众掌握游憩技能。在国家考古遗址公园空间范围内，还应调节好游憩功能，掌握科学规律，寻找科学途径，使其正面效益得以充分发挥，同时抑制负面影响。

三、它山之石——美国与英国的多元化教育

1. 美国的公众考古教育

公众考古教育最早兴起于美国，美国考古界的专家为此提出了公共考古的概念。该概念在美国被称为"文化资源管理"，其外延十分丰富，包括考古遗址的保护、管理、志愿者服务、公众阐释和公众教育等。考古教育被认为是公共考古的一部分。在过去的研究范式中，文化遗产的保护教育主要以博物馆为途径，但是随着考古地上地下发掘的普及，开始需要依靠公众的力量。考古学家的实践尝试在于与政府文化资源管理部门的合作，美国国家公园是文化资源保护的主要领导机构，以计算机数据库的形式收集考古与教育计划。其中，"历史名胜教学"（Teaching with Historic Places）就是一个很优秀的教育计划，该计划主要是将历史景点和公园纳入课堂的教育计划，使本地和地方性学校参与并利用这些资源开展学习活动，既有利于学校教学，也有利于本地的遗址受到重视，是一种很受欢迎的教育服务项目。美国国家公园还出版了一系列优秀出版物，免费发放给教育工作者、考古工作者、遗址保护官员、博物馆专业人士、北美原住民等，起到了有效的传播作用（崔玉范，2007）。另一个由美国联邦保护机构国家土地管理局启动的"国家遗产教育计划"（National Heritage Education Program）也是受公众欢迎的考古教育项目，该项目利用考古学的理论和技术，向全国的学生讲授自然科学和数学的基本原理，目标是教育年轻公民重视和保护本国丰富的文化遗产（崔玉范，2007）。

另外，考古界专业团体也是公众考古教育的主干力量，特别是全国性专业团体的积极倡导、参与和专业指导打开了美国公众考古教育的良好局面，至今还发挥着重要作用（崔玉范，2007）。美洲考古协会被认为是北美最大的专业协会，其最具影响力的项目是公众考古教育计划，如"开启历史"（Unlocking the Past）是针对特定公众和专业教师开启的教育计划，该计划利用互联网、视频及其他媒体等手段，推广公众考古教育。此外，与教育界和业务团体的合作更是把公众考古推向了新高度，很多美国的高校都将考古工作信息编入学校的公共教育课程及教育媒体中，"展示过去"（Presenting the Past）、"来自过去的线索：考古知识库"（Clues from the Past: A Resource

Book on Archaeology)、"课堂考古"（Classroom Archaeology)、"时间与传统：纽约考古历史"（Times and Tradition: The Archaelogical History of New York State）等都是很精彩的公众考古教育的课程指南、考古教育活动、展览等，吸引了很多年轻读者。可以说，公众考古教育已成为北美文化资源保护事业赖以成功的基础。

2. 英国的公众考古教育

英国的公众考古教育做得也很成功，值得一提的是目前英国实施的最大的公众考古项目——可移动文物计划（Portable Antiquities Scheme)，该计划主要记录由英格兰和威尔士的公众发现的考古遗物，其目的是通过系统记录被公众发现的考古遗物，不断扩充、丰富公众的历史和考古知识，提高公众对考古遗物本身及其研究、教育价值的认识，增加社会公众参与考古的机会（邵军，2007）。该项目运行得非常成功，广大民众对历史和考古的兴趣得到了极大的激发，考古学从此开始真正走向民众。

四、教育拓展措施

积极拓展国家考古遗址公园的多元化教育可以推动国家考古遗址公园科学、有序、可持续发展。国家文物局曾在部分城市进行过公众对文化遗产保护意愿状况的调查。调查结果显示，虽然公众对"考古"等字眼不再陌生，但是对于考古的真实情况、工作的流程等了解得并不多，甚至很多大遗址所在地的公众对遗址的保护与价值也并不是很了解。受教育程度高者、高收入者、大学生等群体的关注度较高，中小学生、低收入者、遗址地村民等群体的认知并不高。同时，调查结果还显示，公众对考古和文化遗产保护活动的参与途径及机会太少，认知度低，参与率也低；但是问卷调查又显示，公众对考古和遗产保护活动参与意愿很强烈，国家考古遗址公园需要建立健全合理的教育拓展机制，促进公众对考古知识、遗址遗迹保护、文明传承等的信任与理解。

国家考古遗址公园被赋予了这样的责任，应将考古学知识和文化资源保护思想与意识传达给公众。可以借鉴国外公众考古教育的有益经验和做法，指导中国国家考古遗址公园科普教育功能的提升。具体可尝试的措施包括以下四个方面。

1. 建立公众考古教育中心

公众考古学的概念是 20 世纪 90 年代引入中国的，但是考古学的大众化历程由来已久，2002 年，在杭州召开了关于考古学与公众对考古知识普及规范的主题会议[①]。2008 年，北京大学召开了"人类遗产的诠释——共享与传播"的国际学术会议，会议以"共享考古"为主题。所有这些都说明了国家考古遗址公园在公众考古教育中承担着很大的使命。鉴于公众力量对考古事业的影响力越来越大，因此非常有必要在国家考古遗址公园设立考古教育共享的实践平台。此外，还应建立正式的公众考古教育中心，并请考古专家定期举行讲座论坛，与现场体验等活动相辅相成，普及考古教育，真正发挥国家考古遗址公园的科普教育功能，提高全社会对大遗址保护的关注度和参与度。

2. 制订、实施考古教育计划与教育服务项目

目前，很多国家考古遗址公园对考古知识的阐释仅限于在考古探索中心或博物馆进行专题展示，仅仅是对考古学知识的简单普及，缺乏深度的教育。而实际上，公众考古学的研究范围非常广泛，不但包括考古教育、考古传播、考古活动和考古展示，还涉及国家的政治、经济、文化以及社会的方方面面。因此，应制订、实施多元化的考古教育计划和教育服务项目，更好地服务公众。一方面，应有专门的管理部门以计算机数据库的形式收集来自国家考古遗址公园内部、博物馆、考古学会等的考古与教育计划；另一方面，可以出版优秀刊物，甚至免费发放给外来游客、本地居民、教育工作者等，方便传播有关信息。例如，汉唐网就是很好的政府官网平台，它发布了大量的国家考古遗址公园相关信息，曾被评为最活跃的政府官方网站。

此外，还应加强公共阐释活动，向国家考古遗址公园的管理人员、教师、考古工作者及有关人士提供一系列信息，尤其应注重对年轻公民的教育，积

---

① 公共考古学推动考古学发展[EB/OL]. http://theory.people.com.cn/n1/2016/0926/c40531-28739705.html[2019-08-27].

极推动与教育界的合作，开发专题教育服务项目。

3. 创办有影响力的考古教育活动

应尽可能地开展有特色的教育活动，具体的教育活动包括：尝试成立面向孩子的国家考古遗址公园遗产教育计划；开展"年轻人关注过去俱乐部"等活动，使学生直接受到考古学的教育；出版系列出版物、系列教育宣传品；与媒体联手，利用互联网、视频、电视系列节目等方式，推广考古教育；定期开放部分发掘活动；定期对大众普及考古学知识等，这些都是国家考古遗址公园普及考古学知识与创办有影响力的考古教育活动的有益探索。

4. 加强与教育系统、考古学界、特殊群体、社区的合作

国家考古遗址公园应与高校、特殊群体、地方社团进行广泛合作，举办类似"考古计划"的活动，或者走进校园、社区，普及国家考古遗址公园的考古知识。此外，还可以开设专门的互联网站介绍国家考古遗址公园的文化遗产及遗址保护工作。

第五节 遗产资源活化

一、创意是展现国家考古遗址公园文化魅力的当代因素

大遗址作为一种遗留下来的具有极高文化价值的文化遗产资源，有着深厚的文化积淀和悠久的历史。因此，如何使考古遗址公园内的大遗址保护与文化旅游和谐共生是关键问题。文化创意被认为是人类经济、社会活动智慧的反映和表现，可以借助文化创意建设与体验经济来实现大遗址保护与文化旅游的平衡，从而达到人类传承文化遗产的目的，真正以可持续发展的旅游开发促进遗产资源的保护。

国家考古遗址公园内的考古现场及遗址遗迹资源首先是记载历史文脉的客观存在，不是产品，更不是产业，但是可以利用文化创意，将可能具有开发潜力的物质性在另外的空间中进行深度挖掘。文化创意产业发展的过程，

实质是文化资源不断转化为文化产品、文化服务价值实现的过程。所以可以将静态的遗址遗迹信息注入活的当代因素，使文化遗产与当代人的精神生活形成一种相互接纳、相互促进的互动关系。

二、用过程管理构架国家考古遗址公园创意产业阶段体系

国家考古遗址公园的文化创意产业可以开拓艺术型、精神型、知识型、心理型、体验型的新产业增长模式，培育新的消费市场，涵养新一代创意消费群体。考古遗址保护的创意可借鉴过程管理：将可共享的遗址遗迹资源（包括价值与资源要素）作为过程管理的开始，并将经理、生产商、编辑、文化创意、设计平台作为文化创意产业中的主要角色，通过代理商、广告商、发行商、中介机构等流通渠道，进入传播环节，通过平面媒体、演绎场馆、陈列机构、虚拟网络等传播方式（如剧院、电影院、书店、音乐厅、电视频道、博物馆、杂志等），最后让观众、公开行业、批评家和市场营销作为不同受众类型接受传播的结果。通过对过程管理的描述，可以形成创意产业阶段体系的流程图，清晰地展示其过程管理的层次与递进关系，如图4-4所示。

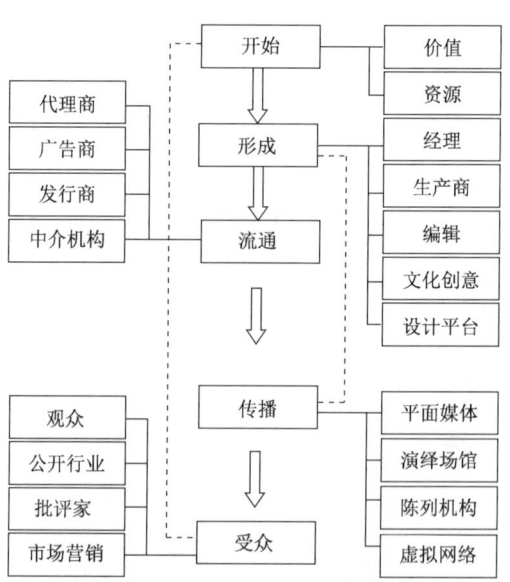

图 4-4　国家考古遗址公园创意产业阶段体系流程图

三、国家考古遗址公园创意产业策略

1. 将创意企业引入利益体系，规范管理制度，协调共享机制

完善创意管理机制，在科学规划的指导下，建立一套针对考古信息和文化旅游共享的管理体系，注重相关利益者的关系，将创意企业引入模式链条中，鼓励本地居民、文物及旅游部门、政府机构、创意企业等合作，规范管理制度，形成良好的创意合作共赢机制，如图4-5所示。

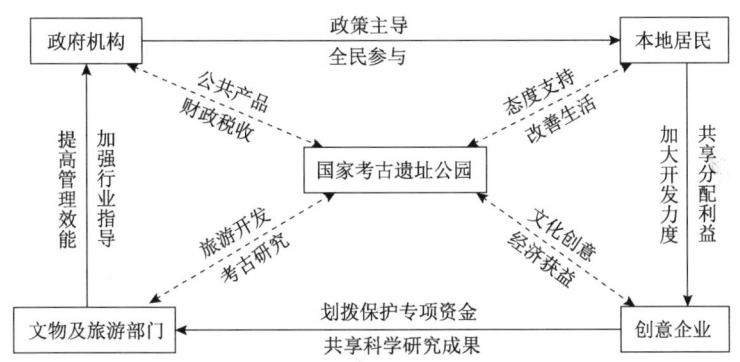

图4-5 国家考古遗址公园创意合作共赢的机制图

2. 大力发掘创意元素，构建智力体系

依托国家考古遗址公园的资源价值，对文化遗产进行清理、研究，在对考古遗址绝对保护的前提下发现和培育可共享的亮点，大力挖掘文化创意元素，通过文化遗产创意设计、非物质手工产品制作、艺术品设计与制作、旅游广告创意等方式凸显国家考古遗址公园内蕴的文化元素，以文化创意来提升遗产资源的附加价值，培育核心竞争力。同时，根据创意产业阶段体系的过程管理，将价值、资源要素紧密结合，实施有效推广与策划，在国家考古遗址公园、遗址博物馆通过创意的表达实施营销推广，使其由隐性资源转为显性资源，让文化创意成为激发考古遗址文化旅游产品的主要手段。

未来，国家考古遗址公园的文化旅游研究趋势如下：从关注国家考古遗址公园建设的研究转向公众（文化旅游者、本地居民）研究，再到遗产旅游者与社区、政府等利益相关者的关系研究；从遗产旅游的哲学与心理层面的研究转向遗产旅游市场研究，开始着手研究遗产的营销，对公众进行市场分层；从纪念物、文物、建筑等遗产的研究转向文化与自然遗产的研究，再到公众体验与遗产保护的互动研究。

第六节　公众满意度测量

国家考古遗址公园公众满意度决定了文化旅游功能的提升尺度，是国家考古遗址公园作为旅游景区考量的指标之一。基于此，本书将公众对国家考古遗址公园诸项功能的满意度进行量化分析，重点对考古遗址的认知度与满意度进行调查，以便更好地调整国家考古遗址公园建设的决策。

一、国内外关于公众满意度的研究概述

国外关于公众满意度的研究主要集中在公众满意度的内涵、理论、形成机理、满意度测评及满意度模型分析，从理论到实践的扩展比国内成熟，从旅游管理学的角度来看，满意度分析已成为该学科领域研究的热点（汪侠等，2010）。

国内关于公众满意度的研究侧重于公众满意度影响因素、测评模型等，对于国家考古遗址公园内的公众满意度分析论述较少。国家考古遗址公园是一种特殊类型与尺度的文化旅游目的地，或者说是大遗址展示与阐释地的示范空间，因此对国家考古遗址公园进行公众满意度分析十分重要。公众对国家考古遗址公园的认知度与满意度是衡量国家考古遗址公园游憩、科普等功能的关键因素，公众从物质层面到精神层面的心理满足、认知与情感共鸣的美好体验，对于国家考古遗址公园增加无形资产、增大吸引力，甚至提高重游率意义深远。对于国家考古遗址公园的特殊空间来说，公众数量的急速增长并不是最终目的，而应是保证来到这里的公众都意犹未尽，这对于国家考古遗址公园树立良好形象、增加公众访问量，进而推动国家考古遗址公园的良性发展具有重要的社会意义。

二、公众满意度量化理论模型与分析方法

对于国家考古遗址公园的文化旅游来说，既要保护大遗址不受破坏，也要保证来此的公众有较高的旅游感知质量，强调的是双赢目标。本书参考国内外有关测评模型的核心理论和方法，结合数理统计的方法对公众满意度进行量化测评，以期国家考古遗址公园可以吸引更多的公众，并使公众有美好的旅游感知经历。下面对本书主要采用的量化方法进行简要介绍。

1. 描述性分析

采用描述性统计法对来国家考古遗址公园的本地居民和外来游客的背景信息进行描述性分析，如本地居民和外来游客的性别、年龄、受教育程度、收入状况、职业、客源地、来国家考古遗址公园的目的，为进一步的分析做准备。

2. 信度分析

信度分析主要用来对调查问卷进行检测，确定调查问卷的可靠性与稳定性，从而确保调查问卷的结构合理可行。可以使用 SPSS 软件，并采用克朗巴哈系数来测量利克特五点量表的可信度，这样做的目的是提高数据的可靠性，尽可能地保证实证的准确性。

3. 因子分析

因子分析是将影响国家考古遗址公园公众满意度的众多有关联的、重叠的信息进行归并和综合，将原始的多个变量和指标变成较少的综合变量与指标，以利于进一步的分析和判断（宋志刚等，2008）。本书对部分国家考古遗址公园影响公众满意度的应用因子和主成分进行分析，对所选取的影响因素进行筛选，从而确定关键影响因素，为提高公众满意度提供决策指导。

4. 重要性-绩效分析

很多文献将重要性-绩效分析（importance-performance analysis，IPA）称

为重要性-满意度分析。Evans 和 Chon（1989）曾使用重要性-绩效分析对美国两个目的地的旅游政策进行评估，结果显示重要性-绩效分析是个很不错的研究工具。重要性-绩效分析在国内文化旅游评价中的运用较晚，研究成果不多，主要涉及景区的服务质量、目的地竞争力研究等，基本没有涉及在国家考古遗址公园的运用。但重要性-绩效分析整合了重要性和绩效两种评价要素，可以作为国家考古遗址公园在运营管理过程中参照使用的质量评估方法。

三、公众满意度量化指标选取与问卷设计

1. 影响因素

对于国家考古遗址公园来说，测评公众来此参观后的感知是国家考古遗址公园运营的关键环节，可以改善目前国家考古遗址公园重建设、轻管理的现状。在特殊的大遗址保护区合理控制公众数量的前提下，提高公众的感知质量是彰显国家考古遗址公园游憩、教育、科研功能的可操作性强的办法。因此，通过量化模型分析可以客观地描绘现状、发现问题，并及时进行调整和改善。在这一评价过程中，影响因素的选择与问卷设计是关键环节。

1）国家考古遗址公园的遗址遗迹吸引物因素。对于国家考古遗址公园来说，公众最关注的是遗址遗迹吸引物的感知因素，如遗址遗迹资源、考古发现、遗址博物馆藏品等，所以大遗址深厚的历史价值、浓郁的科普氛围、多样的展示方式、珍贵的博物馆藏品等是公众首要关注的因素。

2）国家考古遗址公园的文化旅游服务感知因素。国家考古遗址公园的管理机构应以人为本，注重文化旅游服务感知，重视文化旅游活动的策划与组织，丰富活动的内容，为公众提供安全、便捷的服务。因此，国家考古遗址公园内的基础设施、旅游服务设施等的设置非常关键，其中解说系统丰富生动、配套设施充裕合理等成为服务感知质量的重要影响因素。

3）国家考古遗址公园的环境感知因素。环境感知因素主要包括遗址博物馆、绿地广场、遗址遗迹保护区、考古体验区及周边环境等。另外，核心区域及其周边的环境也是影响公众感知与满意度的重要因素，如优美的绿化广场、安静和谐的氛围、独特的文化环境等都可以成为积极因素，反之则成

为消极因素。

2. 影响因素指标选取

一般而言，针对国家考古遗址公园的现状，常规的问卷设计结合上述三方面的因素，可以建立相对全面的指标体系。本书结合实地调研，充分了解遗址遗迹的保护与价值，国家考古遗址公园内遗址博物馆展示手段，以及游憩功能的条件、配套设施等，并通过与部分国家考古遗址公园管理人员的访谈交流，征询部分专家的意见和建议，形成了如表4-3所示的指标体系。

表4-3 国家考古遗址公园公众感知影响因素指标体系

一级因子	二级因子
国家考古遗址公园的遗址遗迹吸引物因素	大遗址的历史价值深厚
	科普氛围浓郁
	遗址展示方式先进合理
	遗址保护手段先进
	考古展示活动丰富多彩
	能学到很多考古知识
国家考古遗址公园的文化旅游服务感知因素	文化旅游项目丰富多样
	路线引导标识清晰适当
	解说系统丰富生动
	咨询服务便利周到
	内外参观游线衔接合理
	旅游纪念品丰富且有特色
	公共厕所干净卫生
	休息设施充裕合理
	区位条件交通方便
	解说折页（印刷宣传片）获取方便
	多媒体信息丰富有趣
	宣传广告推广好
国家考古遗址公园的环境感知因素	游憩条件很好
	自然环境优美独特
其他	重游意愿和推荐意愿强

3. 问卷调查与设计

问卷的科学性和合理性对国家考古遗址公园公众感知的研究结果很重要，针对国家考古遗址公园公众认知度与满意度的量化分析，本书模拟设计的调查问卷包括五个部分。

第一部分是公众的背景信息与甄别信息。调查对象包括本地居民和外来游客，主要调查信息包括性别、年龄、受教育程度、收入状况、职业、居住地、出游方式、旅游的目的、重游次数等信息。

第二部分是公众对国家考古遗址公园的认知度调查。主要从获取信息的渠道，以及对国家考古遗址公园的冠称、主要文化旅游项目、考古发掘保护情况、珍贵文物藏品的了解等方面掌握公众的认知。

第三部分是公众对国家考古遗址公园满意度的测评。问卷调查采用利克特量表尺度：令 1=很不重要、2=不重要、3=一般、4=重要、5=很重要，请调查者对满意度因素进行评价；依据 1=非常不同意、2=不同意、3=一般、4=同意、5=非常同意，请公众对因素的实际感知表现和满意程度打分。

第四部分是对国家考古遗址公园的员工、管理者、讲解员、导游员的深度访谈。例如，可以对国家考古遗址公园的馆长、导游、宣教部主任、部分考古探索中心工作人员、讲解员、票务科科长等进行访谈，以更好地了解公众的满意度。

以阳陵国家考古遗址公园为例，可设置访谈问题如下：

B1 您认为阳陵国家考古遗址公园在国家考古遗址公园的冠称下，如何更好地阐释与展示大遗址的核心价值、内涵及历史背景？

B2 博物馆在"文化和自然遗产日"与"国际博物馆日"都有哪些主题活动？

B3 阳陵国家考古遗址公园最好的展示手段体现在哪些方面？

B4 阳陵国家考古遗址公园内的遗址博物馆（陈列馆）最值得向公众展示的藏品有哪些？

B5 阳陵国家考古遗址公园最具特色的文化旅游活动有哪些？

B6 阳陵国家考古遗址公园向公众推荐的最佳游览参观路线是什么？

B7 阳陵国家考古遗址公园的研学旅游项目有哪些？

B8 您认为阳陵国家考古遗址公园的营销推广策略有哪些,如何实施?

B9 您认为阳陵国家考古遗址公园应该如何凸显游憩功能?

B10 您认为应该如何协调阳陵国家考古遗址公园的保护与利用的关系?

B11 您对目前阳陵国家考古遗址公园的文化旅游运营满意吗?需要做哪些改进?

B12 您认为在吸引公众方面,阳陵国家考古遗址公园应重点做好哪些工作?

B13 您对公众考古教育有无良好的建议?

第五部分是对国家考古遗址公园场所精神的调查。该部分从三个方面进行设计,主要是对场所精神在国家考古遗址公园的保护、延续与发展方面的调查。以阳陵国家考古遗址公园为例,拟观察的内容可以从场所要素的实体形态、文化旅游活动内容和精神含义三个方面进行。

C1 国家考古遗址公园的实体形态:

(a) 建筑与空间形态　　(b) 立面形态　　(c) 游线及小品

C2 国家考古遗址公园的文化旅游活动内容:

主题活动、考古活动、专题陈列、已开展的汉文化体验活动;

景区内人们的活动:游憩、体验活动、游览、休闲、摄影等。

C3 国家考古遗址公园的精神含义:

阳陵国家考古遗址公园文化内涵本质的认知。

以上调查问卷设计好后,可进行实地发放、回收并结合数据分析软件进行数据的量化分析。

类似还可以采用的方法有方差分析、相关性分析等,这些方法可以为国家考古遗址公园的文化旅游和公众满意度分析提供数据支持。

第五章　国家考古遗址公园文化旅游解读系统

> 确保带给游客一段有价值的经历。
> ——《国际文化旅游宪章》

第一节 解读系统定位

一、解读系统构建的意义

国际上，在文化遗产保护与管理的理念和规范中都强调如何增进对文化遗产的理解和欣赏，因此阐释与展示成为文化遗产保护和管理的重要组成部分。也就是说，场所精神塑造、游憩功能提升、多元化教育功能拓展都需要依赖阐释与展示系统来完成。国家考古遗址公园蕴含的考古信息十分丰富，相对自然景观等类型的目的地来说，公众不但要"看"，还要能"懂"，要确保为其带来一段有价值的经历。因此，本书尝试构建国家考古遗址公园文化旅游解读系统。

二、从"解说"走向"解读"

1. "解说"溯源

解说的历史非常悠久，如哲学家亚里士多德、苏格拉底等向其弟子解释超自然现象的自然原因。文化遗产的解说雏形出现在中世纪欧洲大旅行的过程中，大旅行是指在16～19世纪，欧洲的年轻贵族以体验一些重要的历史文化古迹为目的而游历欧洲的旅行，他们参观的历史文化古迹包括艺术收藏展、博物馆、历史名胜和大学。在早期的书籍中也有关于埃及金字塔的导游辛勤工作的记载（陶伟等，2009）。除了解说者，人们还可以通过旅游书籍或者文献获得指导。到了19世纪80年代，导游和解说有了更加先进的形式。19世纪晚期到20世纪70年代末，美国国家公园的解说对国家公园的教育、遗产保护等功能起到了关键作用。北美地区出现了很多知名解说者，他们实地的口语讲解得到了很多人的青睐。20世纪20年代以来，西方国家公园中的很多解说者都是来自大学的科学家和教师。

国外文献研究解说最多使用的词汇是 interpretation。"解说"一词最早出现在 1920 年，米尔斯（Mills）首次用"解说"一词描述他的导游讲解工作，并在其著作《一个自然导游的探险》（*The Adventures of a Nature Guide*）中，以解说描述自己在落基山的导游讲解工作，成为第一个用解说描述自然活动的人。他认为解说可以帮助人们快乐地了解野生大自然中的生命和种种奇迹，能够启发和教育人。1957 年，被誉为解说之父的蒂尔登（Tilden）在《解说我们的遗产》（*Interpreting Our Heritage*）一书中丰富了解说的概念，他认为解说并非简单的信息传递和罗列，而是一项通过原真事物、亲身体验、展示媒体来揭示事物内在意义与相互联系的教育活动，目的是激发人们的思考而不是生硬的说教。该概念丰富了解说在自然、历史、艺术等方面的内涵，成为以后比较公认的解释。此后，有更多专家学者或相关机构从不同的角度界定了解说的定义及解说的意义。

2008 年，国际古迹遗址理事会第 16 届大会通过的《文化遗产阐释与展示宪章》，是目前唯一对遗址阐释与展示的官方文件。文件对阐释与展示的定义如下：阐释是指一切可能的、旨在提高公众意识、增进公众对文化遗产地理解的活动。展示是指在文化遗产地通过对阐释信息的安排、直接的接触，以及展示设施等有计划地传播阐释内容[①]。从字面意思理解，阐释与展示的定义基本同义，但各有侧重，阐释更多对应的是解说，注重遗产解说信息和方式；展示更多强调解说媒介和手段等物化的方式。随着对解说内涵的不断挖掘，阐释与展示的内涵和外延也在扩大，最重要的转变就是从单纯注重遗址形态和价值拓展到遗产地精神，并进一步开始重视公众参与。

2. "解读"内涵

如何理解国家考古遗址公园阐释与展示的含义呢？通常，不能将其简单地理解为过去普通意义上的解说。阐释与展示是提高公众对国家考古遗址公园遗产保护意识的手段，它既需要国家考古遗址公园建设方给予科学的展示规划设计，又需要配套的阅读导赏让公众懂得展示信息赋予的文化含义。现有的设计更多的是从国家考古遗址公园组织方的展示方式入手，对展陈手段、标识系统、展示方式等进行设计，这样的设计通常会缺失对展示效果的理解

[①] 文化遗产阐释与展示宪章（2008）[EB/OL]. http://www.hhh.gov.cn/article/115.html[2019-10-03].

与跟踪，是一种让公众被动接收信息的安排。好的解读应该让公众读懂展示信息、读懂遗产，进而达到遗产价值共享。要使国家考古遗址公园成为具有阐释与展示的示范意义的空间，不仅需要展示，还需要讲解、阅读与体验，即需要一套完整的解读系统实现阐释与展示。

完整意义上的解读不仅仅是口头语言、书面语言、标识系统的组织，还在于让公众主动地、用心地阅读国家考古遗址公园内的实物、图片资料、文化信息，感受国家考古遗址公园的意境，能够应目—会心—畅神，能够见景生情、情景交融，甚至物我相忘。同时，向现代人传递历史文化信息，不仅仅是传统意义上对文化遗产的解说，还在于通过景致的设计安排，让公众可以用心去读、去意会。

基于解读与解说的分析可知，解读包含的信息与效果展示比解说更深入，且解读的含义比解说更深刻，解读不仅仅是解释，还重视接收者的体验。国家考古遗址公园具有文化传承和教育的功能，站在公众立场引导的"读懂"，才能凸显国家考古遗址公园作为示范空间的价值所在，因此本书尝试完善阐释与展示的路径和方法。例如，美国国家公园体系管理架构中专门设有哈珀斯费里（Harpers Ferry）解说规划中心，该中心主要负责公园的解说和教育，通过解说内容、设备、规划，以及园区内的博物馆展览、历史陈设、路边展览、出版物印刷、视频节目录制等方式，让公众在游憩中身临其境地体会国家公园之美。

三、"解读"与阐释、展示的内涵高度契合

1. 国外研究学术史梳理

联合国教育、科学及文化组织和国际古迹遗址理事会是国际上关注阐释与展示的两大主要机构。2008年，国际古迹遗址理事会颁布的《文化遗产阐释与展示宪章》是目前针对遗址阐释与展示最重要的官方文件，宪章中阐释与展示两个概念并举，充分表达了遗产地公众沟通的重要性，前者强调有目的的多种活动，后者强调为了沟通而运用的技术手段。《保护世界文化和自然遗产公约》《考古遗产保护与管理宪章》《巴拉宪章》《国际文化旅游宪章》等均强调了通过阐释与展示将遗产价值真实完整地传递给公众，并传承

遗产地精神。

在学术领域，目前国际上关于展示的研究方向较少，更多的文献是关于阐释的研究。关于阐释的研究源于20世纪早期的欧美国家公园，其大致经历了四个阶段。第一阶段是概念萌芽期（1920~1957年），米尔斯和蒂尔登是该时期的代表人物。第二阶段是理论大成期（1958~1994年），该时期美国约翰·A.维佛卡（John A.Veverka）的《旅游解说总体规划》、澳大利亚的《遗产地和遗产地阐释指南》、英国的《遗产管理中的各类问题》堪称遗产阐释的教科书和技术手册；阐释研究经历了形成、寻求最佳媒介、探索等阶段。第三阶段是研究成熟期（1995~2008年），该时期阐释的研究更多地借助社会学和心理学理论，建构阐释理论体系，并逐渐走向成熟。第四阶段是研究推广期（2009年至今），借助基模理论、应用行为分析等多学科理论和定量方法，逐渐走向推广阶段。此外，阐释与展示还是文化遗产保护和管理的重要组成部分，很多国际文件中都阐述了这一观点。

2. 国内研究学术史梳理

相对国外，国内对阐释与展示的研究较晚。由于语境不同，国内学者更多的是将阐释翻译为解说，沿用国内学术研究惯例，其大致经历了三个阶段。第一阶段是萌芽阶段（1987~2004年），该阶段主要是引入国外相关理论成果，涉及解说系统的框架、功能、评估（吴忠宏，1987）。第二阶段是探索阶段（2005~2008年），该阶段主要包括旅游解说系统构建、解说需求评价等（罗芬等，2005；唐鸣镝，2006；张明珠等，2008）。第三阶段是快速发展阶段（2009年至今），该阶段研究成果丰富，研究内容广泛，研究方法多样（陶伟等，2009；戴湘毅等，2014）。这一研究范式的文献，可以为解说的内涵、功能、评估、受众、媒介等方面的可持续发展提供有益参考，但不足之处是，大部分文献主要针对旅游解说或环境解说，涉及遗产解说的研究成果很少。

通过进一步梳理有关国家考古遗址公园阐释与展示研究的文献（王璐和刘克成，2016；王茜，2016；杭侃，2015等），发现已有研究较多关注国家考古遗址公园物理空间的阐释与展示设计，较少涉及公众对知识获取程度、记忆共鸣、参与享用等软性服务的分析；关于各类公众对现有阐释与展示体系使用后的感知、评价与需求,缺乏必要的经验分析和实证检验;如何通过阐释与展示提升国家考古遗址公园的保护与利用,并为公众提供更多的文化体验感知,这些问题仍未得到妥善解决。

因此,构建可以共享的国家考古遗址公园文化旅游解读系统是本书尝试分析探讨的核心内容之一。解读是国家考古遗址公园有效管理公众的方式,比解说更有实践意义,是实现共享的重要组成部分,可以达到科普教育与游憩的目的。在国家考古遗址公园内,如果没有解读,公众就没法读懂其给予的展示信号,无法完全获得美好的体验,这样的展示是不完美的,所以解读系统下的解说、阅读与体验是国家考古遗址公园达到共享的重要途径。完善的解读系统可以让公众去分析、研究、理解、体会国家考古遗址公园。因此,在这样的文化空间中构建国家考古遗址公园的解读系统负有使命与责任。

解读既包括阅读解释、分析研究,还包括理解体会,比解说更多关注感知效果。解读的内涵揭示了国家考古遗址公园蕴含的信息并展示给公众以此提高公众文化遗产保护意识。

例如,由中国共产党中央委员会宣传部、中央广播电视总台、国家文物局共同组织的国家涵养工程百集纪录片《如果国宝会说话》(第一季、第二季)获得第十五届精神文明建设"五个一工程"特别奖,代表了文艺创作的最高成就。《如果国宝会说话》由中央电视台和国家文物局联合摄制,节目以全新的解读视角揭秘了中华文物之美。它用新颖的电视语言、创新的解读方式、平和近人的风格讲述历史故事,广受观众好评(徐秀丽,2019)。这样的解读风格实际上就是从解说走向解读,让珍贵的馆藏文物从庙堂之高走到公众身边,以公众易于接受的方式展开讲述,用文物讲文化,用文物梳理文明,用文物定位时代坐标。

四、解读的基本原则

本书强调的解读原则,主要依据蒂尔登在《解说我们的遗产》中提出的六项基本原则以及 Beck 和 Cable(2002)在《21 世纪的解说:自然与文化解说的十五项原则》*Interpretation for the 21st Century:Fifteen Guiding Principles* *for Interpreting Nature and Culture*）中提出的关于解说的十五项原则。这两本书所阐述的解说原则内容如下。

1.《解说我们的遗产》关于解说的六项基本原则

蒂尔登在《解说我们的遗产》中提出的六项基本原则，直到今天都是解说领域遵循的法则。孙燕（2012）在《美国国家公园解说的兴起及启示》一文中将六项基本原则翻译如下。

原则一：任何不能把所展示及描述的内容与游客的性格和经验联系起来的解说都是枯燥乏味的。

原则二：解说是以信息为基础的对事物真相的揭示，但信息本身并非解说，解说和信息完全是两码事。

原则三：无论其内容是科学的、历史的或是建筑的，解说是一种综合多种人文科学的艺术，而任何艺术在某种程度上都是可传授的。

原则四：解说的主要目的不是教导，而是激发。解说意在激发人们扩大兴趣和知识面的欲望并理解事实背后的真理。

原则五：解说应旨在呈现整体而非局部，必须针对整个人而非任何单一个体。

原则六：对 12 岁以下的儿童做讲解，若要达到最佳效果，则需要一套独立的方案。儿童解说不是稀释成人解说的内容，而是要采用完全不同的方法。

2.《21 世纪的解说：自然与文化解说的十五项原则》关于解说的十五项原则

Beck 和 Cable（2002）在蒂尔登关于解说的六项原则基础上做了拓展，在《21 世纪的解说：自然与文化解说的十五项原则》一书中提出了关于解说的十五项原则，中文翻译如下。

原则一：为了激发灵感，解说人员讲解的主题必须与公众的现实生活有联系。

原则二：解说不仅能够提供信息，还能够揭示深刻的意义和真理。

原则三：解说展示是一门艺术，其设计应该像故事一样，有告知、取悦及教化的作用。

原则四：解说的目的在于激励和启发人们去扩展自己的视野。

原则五：解说者应该展示一个完整的主旨或论点，并应满足全人类的需求。

原则六：对于儿童、青少年、老人的解说，应该采取不同的解说方法。

原则七：每个地方都有历史，解说者要能够表达出活生生的过去、更愉悦的现在以及更有意义的未来。

原则八：科技能将世界以一种令人兴奋的方式呈现出来，然而将科技和解说相结合时，必须慎重。

原则九：解说者应该充分认知展示信息的质量与数量，切合主题并经过谨慎研究的解说比冗长的赘述更加有力。

原则十：在努力将解说提升为艺术之前，解说者必须熟悉最基本的沟通技巧。高质量的解说依赖解说者的知识与技能。

原则十一：解说词的撰写应考虑读者的需求，并以智慧、谦逊和关怀为出发点。

原则十二：成功的解说项目必须获得财政上、人力上、政治上及行政上的支持。

原则十三：解说应能激发人们感受周遭环境之美的渴望，并唤起人们的资源保护意识。

原则十四：通过解说员精心设计的活动，游客可获得最佳的游憩体验。

原则十五：对资源以及前来被启发的游客付出热诚，是有效解说的必要条件。

第二节　解读系统构建

一、解读系统的组成要素

相比一般文化景区，国家考古遗址公园蕴含的信息更加丰富，因此需要更多技巧的引导与解读。从解读内容、方式、目的到解读设计与解读教育，都需要做到真实准确、逻辑清晰，使公众在知识和情感上与国家考古遗址公园建立长久的联系。如果将一般文化景区和国家考古遗址公园文化旅游解读做对比，可知国家考古遗址公园文化旅游解读系统的内涵更深（表5-1）。

表5-1　一般文化景区和国家考古遗址公园文化旅游解读系统对比

解读种类	对比内容	一般文化景区	国家考古遗址公园
文化旅游解读内涵	解读内容	侧重基本文化信息普及，注重趣味性	注重解读考古历史信息的准确性与科学性，强调教育、游憩等功能
	解读方式	自导式与向导式	注重不同类型遗址的展示要求
	解读目的	解读景区文化信息，满足大众旅游需求	彰显国家考古遗址公园文化旅游属性，担负保护遗址、文化传承的责任
	解读功能	服务、游憩、管理	展示、游憩、科普、教育、服务等多项功能，注重公众体验
文化旅游解读外延	人员素质	具备行业要求的资格标准即可	除具有常规资格外，还有专家、志愿者、社区的参与，对考古学、人类学、历史学等知识体系专家的体验讲解是未来趋势，具备边展示、边解读的技能
	解读设计	引导、清晰的原则	结合遗址公园特色与遗址博物馆等的空间尺度进行设计，兼顾科学化、人性化、阐释与展示等原则
	解读教育	不作为首要功能，只要将文化景区承载的文化资源诠释清晰即可	是重要功能，推广公众考古教育与游憩教育是亮点与特色
	解读技能	按照常规解读方法即可	需要在解说词及解读技巧方法上深入发掘，重视实地讲解与现场展示的意义

本书将国家考古遗址公园文化旅游解读系统分为主体与客体两大部分。主体部分是指展示方的解说供给，是传统意义上解说的拓展。客体部分是指公众方的阅读导赏，主要强调将公众作为核心，探讨如何以最好的方式与最佳的效果使公众接收展示信息（图5-1）。

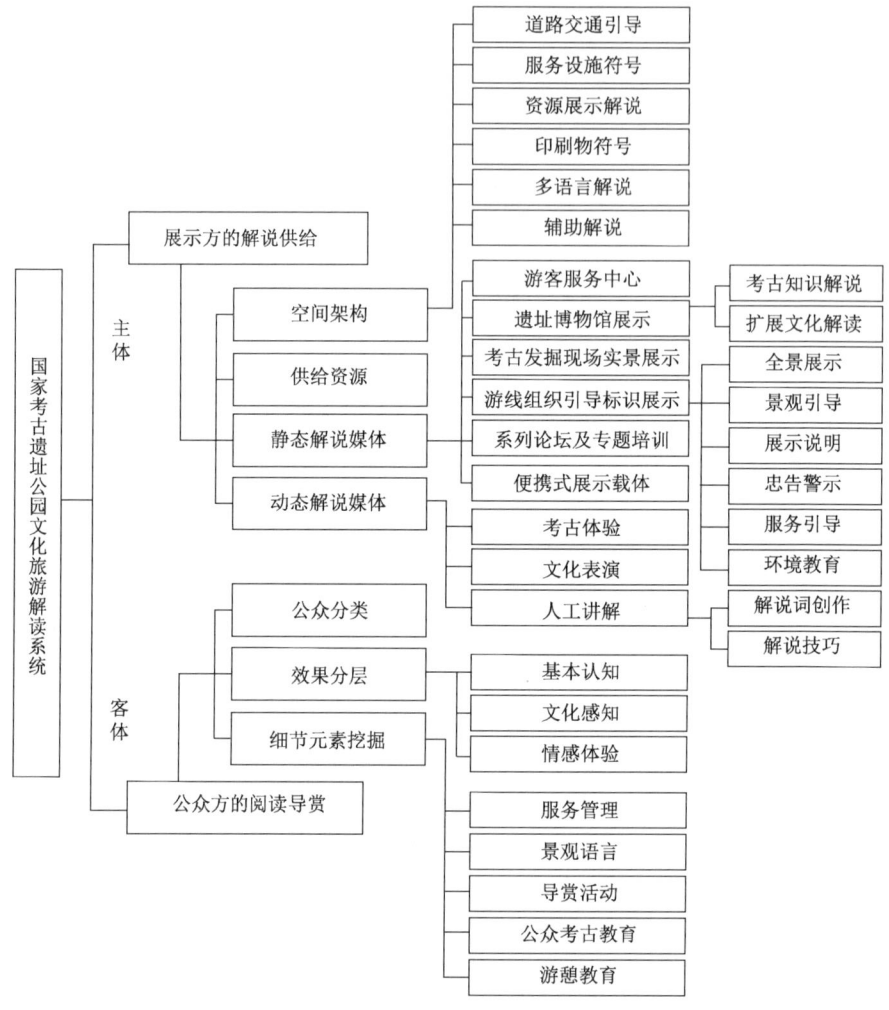

图 5-1　国家考古遗址公园文化旅游解读系统

二、解读系统构建的 CREATES 原则及弹性原则

对国家考古遗址公园内考古信息和文化遗产的解读实质上是连接公众和考古遗址的手段，是以传达考古遗址信息及传承意义为目的的一种教育活动和交流过程。解读系统构建的意义在于搭建解说与阅读体会的平台，国家考古遗址公园文化旅游解读系统必须以公众为中心，采用多种手段满足公众的需求。

美国著名景观设计师约翰·O. 西蒙兹（John O. Simmonds）说，人们规划的不是场所，不是空间，也不是内容，而是一种体验。对于此，可以借鉴的还有 Ward 和 Wilkinson（2006）的 CREATES 信息创作原则，如表 5-2 所示。

表 5-2　国家考古遗址公园文化旅游解读系统构建的 CREATES 信息创作原则

代表字母	原则	解读含义
C	connect：相关原则	解读信息必须直接和大遗址保护传承的意义相关
R	relevant：关联原则	解读信息必须在公众预知的知识范围内，并能够和他们的个人经历相关联
E	enjoyable：愉悦原则	解读交流必须轻松愉悦、寓教于游
A	appropriate：恰当原则	解读信息须满足公众考古兴趣和展示方的需求
T	thematic：主题原则	解读活动的设计必须与考古遗址主题吻合
E	engaging：参与原则	解读交流必须融合公众各种感官，确保公众处于全神贯注的状态
S	structured：逻辑原则	解读信息的组织必须有清晰的逻辑关系，符合考古的特征

资料来源：Ward 和 Wilkinson（2006）；乌永志（2012a）

"CREATES"是由与信息相关的七条主要原则的英文首字母组成，从 CREATES 信息创作原则中七个单词的含义解读中可以看出，有五条（relevant，enjoyable，appropriate，thematic，engaging）和公众的感受有关。可见，在文化旅游解读中，关注公众感受是非常重要的，所有的展示信息都需要合理的路径使公众得到很好的接收、理解、体会，进而获得应有的体验。此外，可将适应性、景观化、协调性三项弹性原则作为 CREATES 信息创作原则的辅助说明，如表 5-3 所示。

表 5-3　国家考古遗址公园文化旅游解读系统构建的弹性原则

代表字母	原则	解读含义
F	flexibility：适应性原则	注重多语言解说的渗透，考虑不同受众的接收效用
L	landscape：景观化原则	解读系统的景观化，便于公众欣赏与理解
H	harmony：协调性原则	静态媒介形成的景观应与周围环境协调统一

（1）适应性原则

在关注公众获得应有体验的同时，还应充分考虑公众的分类情况，注重多语言解说的渗透。结合国家考古遗址公园的受众分类，考虑不同地域、不同国家、不同受教育程度的细分市场。对于解读语言的设计不是简单的复制，而应考虑不同受众的接收程度。

（2）景观化原则

遵循解读系统的景观化原则，便于公众欣赏与理解。对于国家考古遗址公园来说，可以通过大遗址主题的景观组织，引导公众读懂蕴含的历史文化信息，使"好看"的设计给公众留下深刻印象，而不仅仅停留在"空间"表象。

（3）协调性原则

国家考古遗址公园范围大，展示类型相对丰富，除了遗址博物馆、陈列馆外，还有很多模拟遗址景观再现、模拟考古体验等静态媒介与动态媒介的互动。因此，应在解读设计时将景观与周围环境协调统一，彰显大遗址文化主题。

第三节　解读系统的主体

一、解说的空间架构

解读系统的主体主要是指国家考古遗址公园展示方提供的解说供给，主要包括大遗址蕴含的文化信息，通过展示体系提供给公众的解说资源与阐释手段。

作为解读系统的主体，展示方首先应明确解说涵盖的范围与内容。通过解说空间架构，可以提高国家考古遗址公园文化旅游空间的可识别性，从而为公众提供全方位的人性化服务，并且可以将国家考古遗址公园的特点和优势直观地表现出来，增强国家考古遗址公园的吸引力与空间活力。

具体而言，可以将国家考古遗址公园的解说空间架构分为六大要素。

1. 道路交通引导系统

道路交通引导系统是空间架构的重要节点之一，表达了公众对国家考古遗址公园的可进入性，主要分布于本地居民和外来游客进入与中转的交通枢纽节点及交通沿线，包括车行标识的引导和人行标识的引导两大部分。

2. 服务设施符号系统

服务设施符号系统主要是指国家考古遗址公园的服务设施，如园区内的游客服务中心、考古模拟体验中心、文创商店、周边的酒店和咖啡厅等服务设施的标识与指引。通过服务设施符号系统的设计，可以实现强化信息展示功能。

3. 资源展示解说系统

资源展示解说系统是国家考古遗址公园解说的核心部分，也是公众感知的关键环节，主要由静态的媒介与动态的媒介组成。需要展示方高度重视资源展示解说信息的设计与研究，增强公众的可识别性，以更好地理解并欣赏国家考古遗址公园的文化内涵，最大化地体验地上与地下文化的万千气象。

4. 印刷物符号系统

便携式的印刷物是指公众方便携带并能引导其参观游览的元素符号系统，主要包括免费的宣传册、纪念门票、科普读物、手绘地图等。对于这些印刷物，不仅需要对其进行精心设计，还需要丰富其种类、注重其收藏的意义，以充分彰显国家考古遗址公园的文化元素。

5. 多语言解说系统

多语言解说系统是国家考古遗址公园的弱项，容易被忽视，因此在未来的展示中，应结合国家考古遗址公园的客源分布，提供多语言的解说服务。例如，澳门历史城区的多语言解说系统以中、英、日三种语言以及清晰、易于识别的标识给公众提供了很好的引导，值得借鉴，如图 5-2 所示。随着国家考古遗址公园的发展建设，未来会吸引更多的不同国家的公众来此旅游，因此多语言解说系统是引导其准确解读遗产地知识的基础。目前，首批 12 处国家考古遗址公园需要进一步完善其多语言解说系统（图 5-3）。

图 5-2 澳门历史城区的多语言解说牌
拍摄于 2011 年 1 月

图 5-3 大明宫国家考古遗址公园多语言解说牌
拍摄于 2013 年 7 月

6. 辅助解说系统

辅助解说系统主要是指在国家考古遗址公园外建立的广而告之的宣传与说明系统,它是核心解说的补充,目的是增加公众对国家考古遗址公园的认知度。目前，这样的辅助对于增加公众对国家考古遗址公园的了解很有必要。因此，媒体的宣传解说、文化旅游推介会、交易会、周边合理的游览半径内的大型解说牌的设置等，都是必要的解说补充。

二、解说的供给资源

解说的供给资源主要包括考古遗址信息的提供者和遗址本体信息两大部分，是国家考古遗址公园建设方一直重视的展示环节。解说的供给资源主要强调公众接收高质量的信息源，这些信息源包括执行解说任务的人以及解说遗迹遗址信息、遗址博物馆信息、游憩活动信息等。如果国家考古遗址公园的管理者能够在公众游览过程中，提供更多引导公众感知文化价值的解释性信息，会对提高公众的理解和欣赏产生重要作用。现实中，国家考古遗址公园的解说供给资源由多学科知识体系组成，包括考古学、历史学、人类学、建筑学、地理学、地质学、生物学、生态学、气候学等。"让文物活起来"是我国新时代文物工作的重要使命，国家考古遗址公园也应由此担当，践行使命，依托解说手段讲好文物故事。陆建松（2018）指出，要着力构建完整、有效的中国文物故事传播体系：第一，要挖掘文物背后的历史文化，做到透物见史、见人、见精神；第二，要做好文物历史文化故事的策划和编辑，践行"内容为王"；第三，要开拓平台，不断创新文物故事传播的方式。这些建议都是对国家考古遗址公园解说供给的有益补充。

同时，特别值得重视的是解说服务的质量。解说执行者——讲解员、导游员、志愿者，甚至考古专家和科研工作者都应参与到解说中，这有助于提升公众的感知体验。这些解说的执行者应该接受良好的教育、培训，在讲解中不能仅限于一般性的文化知识、景点的固有程式介绍，而应揭示遗址背后的故事。对于国家考古遗址公园的公众而言，关于考古发掘的基本知识就是公众感兴趣的信息源，且很多公众都有参与考古挖掘体验的兴趣，如果这些能够补充到国家考古遗址公园的解说资源中，将会对提升公众的感知度产生积极的作用。相关的解说工作需要专业人士担当，如定期邀请高校考古或者文博专业的师生从事解说工作，并承担培训更多解说员的任务。另外，考古工作是一个长期的过程，解说者应经常更新自己接受的培训知识，有了考古新发现后,解说者应把有关考古发掘等的信息及时补充到解说词中。因此,储存文化、流传文化和创造文化是解说执行者的基本使命,人的精神价值始终是国家考古遗址公园建设最重要的因素。

另外,社区的参与也是解说供给资源的组成部分。"社区"一词由著名德国社会学家滕尼斯于 1887 年提出,广义的社区是占据在一块被或多或少明确限定了的地域上的人群的汇集,狭义的社区是社会生态学研究的一个基本单位。生态社区与一般住宅最大的不同在于,生态社区将社会的经济属性、生态属性和社会属性融合在一起,促进了社区的有机平衡和持续发展。很多大遗址保护不仅仅有社区的参与,还有很多捐赠团体给予的支持,在解说中给予说明,一方面可以让公众知道遗址的保护来历,另一方面可以强化文明传承的意义和保护遗址的理念。例如,马六甲遗址的解说供给资源就非常丰富,最具特色的是那些殖民遗迹,除了有葡萄牙遗迹、荷兰遗迹、英国遗迹展示外,还有体现社区参与的展示资源。如图 5-4 所示,在马六甲遗址解说牌中,不但有关于遗址背景的解说,还有美国联邦快递集团对本地捐赠与支持的特别说明,图文并茂的解说,可以让公众感知多元文化的特色和社区参与的魅力。

图 5-4 马六甲遗址解说牌及捐赠说明
拍摄于 2013 年 1 月

三、静态解说媒体

顺畅的沟通媒体是解说效应实施的关键（唐鸣镝，2006）。静态的解说媒体不仅包括图文导游、宣传手册、游客服务中心等，还包括多媒体、印刷品、音像制品等。

在静态解说媒体基础上形成的国家考古遗址公园静态解说系统主要包括：游客服务中心、遗址博物馆展示、考古发掘现场实景展示、游线组织引导标识展示、系列论坛及专题培训、便携式展示载体六大部分，如图 5-5 所示。

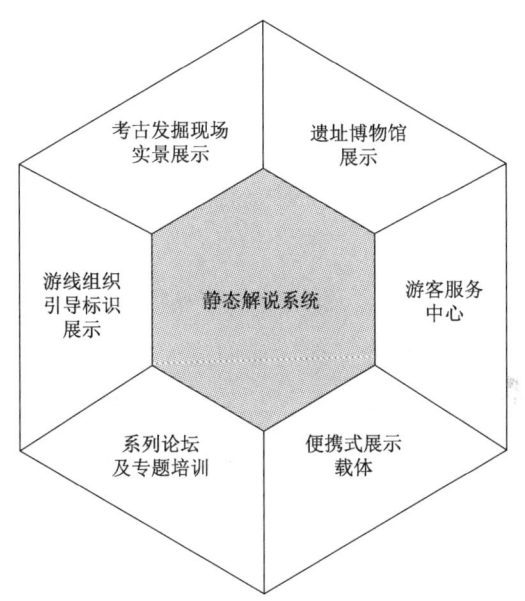

图 5-5 国家考古遗址公园静态解说系统组成示意图

1. 游客服务中心

游客服务中心可提供咨询、投诉、导游服务、特殊人群服务、小件寄存、旅游商品、线路地图等服务，设有国家考古遗址公园资料宣传片播放区，可使公众感受到深厚的文化底蕴。例如，很多游客服务中心可为游客提供旅游咨询、景区讲解、沙盘展示、包裹寄存、茶楼休憩、影视放映、旅游商品及便民服务。游客服务中心的职能应包括旅游信息咨询服务、旅游景区景点宣传展示、推介旅游线路、旅游纪念商品展示、接待旅游投诉、救援救助服务、便民服务等。通过对已有国家考古遗址公园的实地调查，发现很多游客服务中心职能单一，远远没有发挥出信息传递与指导的功能。

2. 遗址博物馆展示

遗址博物馆是指在古文化遗址上建立的针对该遗址进行保护、研究、展示的专门性博物馆（陆建松和朱峤，2018），是国家考古遗址公园重要的展示组成部分。遗址博物馆依托考古遗址，与考古学有着天然的联系，是为公众提供知识、教育和欣赏的文化机构，一方面连着考古学，一方面系着公众。与其他类型的博物馆相比，遗址博物馆在拉近考古学与公众的距离上，有着与生俱来的优势，不但可以教育国民，还可以供给娱乐、充实人生，即西方学者描述的博物馆功能的"3E"（educate，entertain，enrich）原则（马继贤，1994）。

遗址博物馆既可以展示和保护遗址的主体，还能通过辅助展览引导公众解读遗址的历史背景和文化内涵，具有很强的"历史现场感"，是公众感知国家考古遗址公园文化旅游魅力的重要场所。遗址博物馆的展示强调多学科的参与，涉及的学科门类很多，如田野考古学、历史学、地貌学、气候学、古生物学、进化学、生态学等（林纪文，1995）。因此，遗址博物馆具有展示和传播与遗址相关历史文化知识，促进文化旅游的重要功能（陆建松和朱峤，2018）。

3. 考古发掘现场实景展示

考古发掘现场实景展示应是国家考古遗址公园文化旅游区别于其他游览方式的特色与亮点。通过考古发掘现场的资料展示，甚至是让公众参观考古挖掘现场，或者开展面向青少年的公众考古活动、考古夏令营、移动课堂等，可以大大提升公众对考古知识的了解与认知。例如，日本吉野里遗址公园自1952年调查发掘以来，基本上是边发掘边复原，这种做法在一定程度上保障了相关考古遗址和文物信息可以真实、完整地传递给社会公众（李春华，2006）。

4. 游线组织引导标识展示

在体量大的国家考古遗址公园内，游憩线路的组织和引导标识展示是公众完整了解国家考古遗址公园文化旅游特色的重要路径和关键内容。理想的国家考古遗址公园的游线组织应能指导公众最大化地感知国家考古遗址公园的文化特色。因此，在设计游憩线路时，应充分考虑公众的年龄、社会经历、职业、受教育程度等社会属性，以及出游组织方式、预计出游时间等，同时结合公众的心理规律，通过确定游线主题、景观节点、游线走向、最优路径、交通方式，形成特色鲜明的游线。此外，还应注意人性化维度的设计，人性化维度主要是指公众在国家考古遗址公园内方便行走、驻足、注视、阅读、坐下、观看、倾听、交谈的维度。

另外，国家考古遗址公园完整的标识系统也是确保公众获得美好游览体验的重要元素，标识展示体系主要由种类齐全的解说牌组成，包括全景展示牌、园内各参观点的目的地引导牌示、景点展示说明牌示、忠告牌示、服务型牌示、环境教育牌示等。这些不同类型的牌示和合理的游线组织共同构成了国家考古遗址公园的客流引导系统。现阶段，已有很多国家考古遗址公园引入智慧管理，结合标识导向系统、园内地图、人工引导与智能手机 APP 等方式对客流进行科学、合理地控制引导。

5. 系列论坛及专题培训

国家考古遗址公园探索的是有关大遗址保护与当地经济发展协同的模式，可以定期举办与大遗址主题文化相关的系列论坛，或者是组织一些专题培训让公众了解考古的最新发现和研究成果，让公众更好地认识、理解大遗址资源。

6. 便携式展示载体

便携式展示载体是便于携带、配合国家考古遗址公园考古发掘与文化旅游展示解说的宣传物，是自助旅游者获得信息的重要渠道。随着信息技术的不断发展，印刷品与音像品的技术制作也越来越丰富，智慧解读的趋势已经显现。欧美国家的许多国家公园或历史文化景区设计的特色便携式展示载体的模式值得中国借鉴。例如，美国自 2010 年开始发行国家公园纪念币，25 美分硬币的背面图案都是美国最具代表性的国家公园，很多公众都乐于购买并收藏，使得国家公园成为代表国家形象的载体和象征，进而推动了国家公园与公众日常生活的联系（王京传，2018）。

另外，国内部分国家考古遗址公园在这方面也做得非常好。例如，秦始皇陵国家考古遗址公园和阳陵国家考古遗址公园，针对园区的遗址资源，分别出版了《秦始皇兵马俑博物馆》和《漫游汉阳陵》两本关于遗产地的科普书，阅读对象分别是一般读者和青少年学生，出版后均获得好评。两本书的共同特点是条理清晰、逻辑性强、文字简洁、通俗易懂，并且策划创意非常成功，将深奥难懂的文物知识深入浅出地表现出来。无论是图文配合，还是文字内容，都直观清晰且富有情趣。以《漫游汉阳陵》为例，该书以形象大使卡通人物"姗姗"带领游客"小美"父女参观阳陵国家考古遗址公园为线索，通过启发式的互动讲解让公众了解丰富的文物藏品，进而达到寓教于乐的目的。该书最大的魅力是让历史不再是枯燥的文字堆积，而是一种可触、可感、可知的温暖现实。

四、动态解说媒体

1. 考古体验

文化的挖掘始终是国家考古遗址公园的主题，尤其是对于地上可视化元素很少的中国大遗址来说，可以结合考古知识与素材以及历史真实考据的资料，策划专题演艺节目，这是将静态的遗址元素活化的有效方法。例如，日本吉野里遗址公园为了体现遗址公园（博物馆）的独特性与新颖性，充分展示其独特的文化属性和局域特点，公园的建设方设计了弥生人的生活场景，并安排部分工作人员身着弥生人的服饰，模拟其生活方式，让公众直观地感受当时人们的生活。

2. 文化表演

对于国家考古遗址公园来说，如果能够策划考古体验的现场解说、文化表演以及一些真人秀特别活动，不仅可以大大提高公众对历史考古价值的了解，还可以增加科普教育、社会文化的效益，同时还可对国家考古遗址公园的遗址遗迹起到保护作用。例如，可以让讲解员参与特定历史时期的日常活动或者某个特色商品的制作；进行角色扮演，表现与考古遗址息息相关的历史,这样的好处在于可以让公众感受喜闻乐见、新颖别致的游览。在国家考古遗址公园内,多开展以人工媒体为主的讲解与文化表演,可有效保护与展示考古遗址遗迹和特定历史时期的文化。

3. 人工讲解

人工讲解是指将真人作为传播媒介进行文化信息的传递,"真"是特色,"人"是核心。在传播心理学中,公众更倾向于接受人工讲解的方式,这种面对面的真人解说,可以让公众产生精神上的满足感和愉悦感。国家考古遗址公园的动态解说媒体是展示信息传递的重要部分,是静态解说媒体实施基础上的更生动的展示方式,主要包括定点讲解员、导游员、志愿者等。

(1)定点讲解员

定点讲解员主要是指在国家考古遗址公园范围内,对于来访的公众进行定点讲解的人员。国家考古遗址公园的体量很大,无论是遗址博物馆,还是遗址展示区及其他服务设施都需要讲解员,如在游客服务中心的咨询员、接待员以及在遗址博物馆内的讲解员。定点讲解员应该活跃在凡是乐于聆听故事的人存在的所有场合。作为国家考古遗址公园解说员的重要组成部分,定点讲解员通过对国家考古遗址公园的全貌和主要特色进行全面介绍,增进公众对国家考古遗址公园的文物意义、考古价值、文化传承的认识。此外,定点讲解员还需要以观察、感受、倾听、体验、阅读、欣赏、保护为服务理念,将考古信息以灵活和艺术性的方式有效传递给公众。解说之父蒂尔登在《解说我们的遗产》中提到,通过解说,以致了解;通过了解,以致欣赏;通过欣赏,以致保护,这是公认的对解说的经典诠释,一直到今天,都是解说领域最有共鸣的金句。

(2)导游员

导游员是指按照《导游人员管理条例》的规定,取得导游证,接受旅行社委派,为旅游者提供向导、讲解及相关旅游服务的人员。导游员是国家考古遗址公园实施动态解说的主要人员,主要是地方陪同导游员带领旅游团队参观国家考古遗址公园并进行实地口语导游。因此,地方陪同导游员应以讲解、安全提示、生态宣传等为基础,结合国家考古遗址公园的历史背景、特色、价值、地位等,精心准备讲解词,并根据所带游客的不同特征因人施讲。

在解说中,要保证对遗址和有关文化遗产资源进行真实解读,避免过度娱乐化、庸俗化的解说。田静(2017)在《遗产地讲解培训研究——以秦陵博物院为例》中指出,遗产地的讲解工作是以遗产地遗址和展示的文物为依据,经讲解员提炼、选择,并运用语言艺术、讲解技巧和真挚的感情,有针对性地直接向观众传播知识和信息的一种教育活动。因此,要求解说员应当达到专业水准,能够用规范、简洁、生动、准确的语言,讲述文物背后的故事。

(3)志愿者

按照联合国的定义,志愿者是指自愿进行社会公共利益服务而不获取任何利益、金钱、名利的活动者。对于国家考古遗址公园的解说、公众考古教育和游憩教育活动来说,志愿者的服务是体现公众参与的重要标志。志愿者主要由教师、专业人士、学者、考古工作者、退休人员等社会各界人员组成。目前,大多国家考古遗址公园的志愿者制度还有待完善,没有建立常态化的制度,因此应在未来国家考古遗址公园建设中重视志愿者服务。在这一点上,美国国家公园完善的志愿者制度值得中国借鉴。早在1969年,美国国会就通过了《国家公园志愿者法》(王京传,2018),鼓励和吸纳公众志愿参与国家公园的管理与服务工作,详细规定参与的途径,并在网站专门设有志愿者版块。国家公园这样的做法既可以节约运营成本,还可以通过志愿者服务增强公众对国家公园历史文化遗产保护利用的认识和理解,因此建立志愿者参与制度和服务体系是解读系统中的重要一环。

国家考古遗址公园的定点解说员或者旅游团队的导游员,甚至是志愿者,都需要具备比较扎实的语言功底。对于国家考古遗址公园来说,解说者在运用语言时必须遵循正确、清楚、生动三个原则,对大遗址的历史背景和艺术价值进行准确解说。此外,解说方法千差万别,不同的解说员在运用时又各有千秋,因此在人工讲解时需遵循以下三个原则。

1)科学性原则。在国家考古遗址公园的解说系统中,科学的解说设计是最重要的。必须遵循科学性原则,确保传递给公众的信息都是准确无误的。既包括有形的信息,也包括无形的信息,前者如考古发掘现场、博物馆陈列品等,后者如考古遗址公园的场所精神、文化意象等。在解说时,无论采用何种方法或技巧,都必须以客观存在为依托,即必须建立在自然界或人类社会某种客观现实的基础上,这样构造出的意境才能对公众产生感染力,在不知不觉中感染公众。

2）针对性原则。由于公众知识层次、审美情趣各不相同，接收解说信息的情况也不同，既有积极使用解说及解说信息的公众，也有因文化差异接收解说信息受阻的公众。针对性就是从信息接收者的实际情况出发，有的放矢，根据不同对象的具体情况，在解说内容、接待方式、服务形式、语言运用的方式方法上有所区分，在解说内容的广度、深度及结构上有所差异，使解说使用者的不同需求都得到合理的满足。

3）灵活性原则。灵活性是指解说要因时制宜、因地制宜、因人而异。对于每个国家考古遗址公园来说，在解说时需要依托最佳时间、最佳线路、最佳诠释点，以达到预期的解说效果。

另外，在国家考古遗址公园的解说体系中，解说词的创作与解说技巧的设计十分重要。在解说词的创作中，要注重解说的逻辑关系，确定遗址本体的价值、历史的发展脉络，并用科学的语言进行组织，让公众按照了解—欣赏—保护的层级关注遗产的内涵和价值。在架构解说词逻辑体系时，一般采用总述—分述—总论的层次。总述是对国家考古遗址公园内遗址点总体情况的解说，包括基本信息、遗产价值、文化价值和旅游价值，以及将要参观游览的主要内容。其作用在于让公众对国家考古遗址公园有全面的认识，并引起游览的浓厚兴趣，对即将开始的游程有精神准备和游览期望。分述是解说词的主体部分，一般是按照游览路线的顺序组织，且各遗址点之间有相对的独立性，重点突出，详略得当。同时，在两个遗址点之间可以用言简意赅的语句衔接过渡，使得遗址点之间不突兀。总论可以围绕国家考古遗址公园内已经游览的内容做进一步的回顾与总结，如有关遗址背后的故事、人物等，避免有雷同感，使公众应目—会心—畅神。

因此，解说者应讲究解说的方式、方法，结合信息源的内容，释疑解惑、创造悬念、引人入胜、有的放矢、启发联想、触景生情，引导公众深度感知遗址文化内涵。下面借鉴导游讲解的技能，简要归纳几种在国家考古遗址公园可以使用的解说方法。

1）分段讲解法。对大型国家考古遗址公园来说，基本的解说方法是分段讲解法。解说时避免面面俱到、平铺直叙地介绍，而是将大遗址分为前后衔接的若干部分分段讲解。

2）突出重点法。解说时避免面面俱到，而是突出某一方面的讲解，详略得当，疏密有致。例如，突出国家考古遗址公园中最具代表性的景观，或者突出国家考古遗址公园的特征及与众不同之处，甚至应结合公众感兴趣的内容，用"……之最"的文字罗列形式编排遗址信息，以加深公众对国家考古遗址公园的认识和了解。

3）触景生情法。触景生情法是一种见物生情、借题发挥的讲解方法。

4）虚实结合法。在解说时，将典故、传说与遗址介绍有机结合的讲解方法。

5）问答法。在解说时，向公众提问题或启发他们提问题的导游方法，该方法可以激发公众的想象思维。

6）制造悬念法。解说者按照"先藏后露、欲扬先抑、引而不发"的讲解方法，以此活跃气氛、制造意境、激发公众的游兴。

7）类比法。解说时通过比较，突出国家考古遗址公园特定景观的特点，以熟喻生，达到类比旁通的效果。

8）画龙点睛法。用凝练的词句概括国家考古遗址公园的独特之处，给公众留下突出印象的讲解方法。

9）精选名句点缀法。解说者从中国历史上众多的佳作中精选出脍炙人口的名句，与解说词恰到好处地融为一体。

10）现场演示法。解说者结合考古知识，边解说边演示。现场演示法有利于公众的理解与贯通，甚至可以通过现场的互动深化考古知识。图5-6是鸿山遗址博物馆内一件表现吴越文化时期的展品——鼎。作者在调研鸿山国家考古遗址公园时，对讲解员解说这件文物的语言表达方式有着深刻印象。按照传统的解说范式，讲解者会重点解说鼎的基本信息，如出土时间、制作方法等，但该博物馆的讲解员首先引导公众从审美的角度欣赏鼎的造型之美，并通过问答法、类比法让公众观察这件文物展品和普通鼎最大的区别，然后引出这件展品和模范制出的鼎的不同，同时说明这件展品中鼎足是手工捏制而成，造型别致，很具生活气息，这和当时的社会背景和工艺水平紧密相关，反映出当时的人们休闲自得的生活状态。此类解说词的组织和解说方法的运用大大提高了讲解的意趣。

图 5-6 鸿山遗址博物馆"休闲鼎"
拍摄于 2013 年 8 月

总之,在国家考古遗址公园向导式的解说系统中,实地的口语解说很重要。随着智慧解说和定制式解说的兴起,语言导览、二维码扫描解说、名人定制讲解等不同的解说方式将会互相组合、彼此渗透,因此多元化的讲解方式是国家考古遗址公园未来的发展趋势。

第四节 解读系统的客体

一、阅读导赏的含义

解读系统的客体主要是公众方的阅读导赏,是指公众在国家考古遗址公园空间内通过接收展示方的解说供给,借助视听感官对大遗址展示的文化形态和美的意味进行阅读、导览、欣赏、体验的过程。

作为记载中国悠久历史脉络的重要载体,国家考古遗址公园蕴含的考古信息十分丰富,相比其他类型的观赏地来说,国家考古遗址公园遗址遗迹蕴含的信息也更具特色。因此,到国家考古遗址公园内的遗址地欣赏和了解其内涵价值是国家考古遗址公园文化旅游的核心推动力,是实现阐释与展示的基础要素,可激发人们对遗址的尊重与思考。国家考古遗址公园信息的展示并不是生硬的说教,更不能因传递方式的失当使公众无法读懂考古信息的意义,因此要关注公众在国家考古遗址公园观赏体验的过程。也就是说,当展示方将解说供给输送过来后,公众接收的过程也必须恰到好处。

二、阅读导赏的公众分类

对公众进行准确的分析与研究,是确保公众获得美好体验的基础。不同的公众对解说的需求及理解存在差异,这里可以参照国外的同类案例。新西兰库克山国家公园根据解说使用者的不同,将文化旅游者分为四大类:信息搜寻者、信息受阻者、信息从属者和信息避让者(唐鸣镝,2006),如图5-7所示。

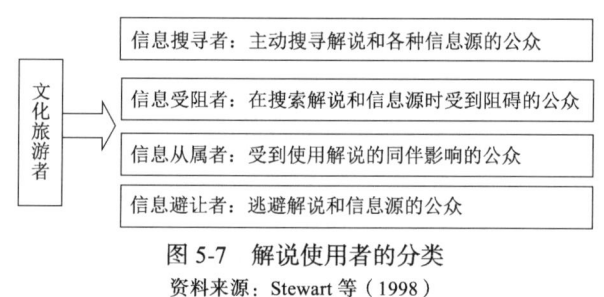

图 5-7　解说使用者的分类
资料来源:Stewart 等(1998)

由图 5-7 可知,充分认知公众对信息使用与接受程度的差异,有利于国家考古遗址公园设计不同的解说方案,以便让更多层面的公众最大限度地接收展示信息。

三、阅读导赏的效果分层

阅读导赏作为一种意识活动,是公众认识考古信息及其他观赏要素的过程,也是一个形象思维的过程,伴随情绪和情感的心理活动,最终形成深刻的文化体验。阅读导赏有助于理解国家考古遗址公园展示体系带来的完整面貌和文化本质。在公众接收国家考古遗址公园展示体系信息时,可以通过文字说明或人工讲解来获取,也可通过公众的自我观察、品味,产生联想与共鸣。因此,应向公众提供多感知、多层次的展示供给,注重解与读的互动,以获得听觉、视觉的美感。美就是由视觉和听觉产生的快感（王朝闻，1981），将展示信息读得准确、透彻，才能体现设立国家考古遗址公园特定空间展示的意义与价值。

具体来说，构成阅读导赏完美体验的主要基石是人们常说的感知、情感、联想、想象和理解。审美体验通常会呈现出多层次性或者个体差异性，因此本书对阅读导赏进行效果分层。该思路来自当代美学家李泽厚的审美层次论，他认为审美有不同层次，最普遍的是悦耳悦目，其上是悦心悦意，最上是悦志悦神（李泽厚，1983）。因此，公众对国家考古遗址公园的阅读导赏与审美体验可以分为以下三个层次。

1. 基本认知层——应目

第一阶段为初级层次的悦耳悦目，主要是指公众对考古信息的基本认知。国家考古遗址公园蕴含的信息十分丰富，但有一定的理解难度，因此基本认知层的展示供给十分重要。可针对不同的受众人群设计展示内容，力求通俗易懂，让公众知会最基本的考古信息。

例如，在秦始皇陵国家考古遗址公园中，可以展开的解说元素很多，且公众对兵马俑的感知信息十分丰富，因此可以将很多历史信息与眼前的实景对接。以遗址博物馆为例，公众在兵马俑博物馆一号展厅最大的视觉冲击应该是庞大的军阵场面，而兵马俑的发现时间、考古发掘现状、历史价值等都是基本认知层需要展示给公众的信息，遗址信息的解读可以从整体的军阵气势和兵马俑的制作入手，由此讲到千古一帝秦始皇和世界第八大奇迹，让公众了解遗址博物馆的价值和魅力。

2. 文化感知层——会心

为了让国家考古遗址公园的展示信息实现最大限度的传递，还应引导公众进入第二阶段的文化感知，即悦心悦意。不但要知其然，还要知其所以然。例如，在对秦始皇陵国家考古遗址公园的兵马俑进一步解读时，可以让公众了解秦人早期的历史、开拓进取的秦文化，包括秦陵出土陶俑的文化价值等，甚至可以通过陶俑面部特征让公众了解陶俑及兵马俑的美学价值。在其他讲解设计中，还将男人的脸和扮相作为有趣的视角来分析秦国军队进取的精神，秦代的雕塑工匠把情感注入泥土中，让泥土有了生命（田静，2017）。通过第一阶段的基本信息认识后，这一阶段就可以从不同的角度深入浅出地感受秦文化，并解读给公众。因此，只有知其然，并知其所以然，公众解读的能力才能得到逐步提升。这样的认识可以向更高层次发散，即让公众体会到秦代艺术的不朽价值。

3. 情感体验层——畅神

第三阶段为情感体验层次，侧重让公众更深地领会中华文明传承，获得畅体验，达到悦志悦神的境界（李泽厚，1983）。林清玄的《为君叶叶起清风》中有：白鹭立雪，愚人看鹭，聪者观雪，智者见白。这里体现的三境界值得品味。第一句展示的是图景，后面三句展示的是三种人对图景的不同观点，分别扣住"鹭""雪""白"三个字，对人的审美境界进行排列，说得透彻、精辟。谈到爱情关系，林清玄有一首《相爱 相契 相印》的短诗可作解证：相爱的人，像磁铁的正负极，因相吸与渴望寻找对方的所在。相契的人，像山谷中的回声，因投射与回应发现更深的内在。相印的人，像临水时的照影，因对照与融入泯灭彼此的分别。这两首诗正好是互为对应的，表达的是爱的三境界。

如果继续以兵马俑的脸型为题，可以进一步将现代男人的审美标准溯源到秦代男人的脸型，通过阅读导赏让公众仔细观察兵马俑的脸型。曾有国内著名化妆造型师评价兵马俑体现出的中国男人的审美观：兵马俑的脸型比较平坦，眼睛以凤眼居多，五官的结构体现出一种勇敢与智慧并存的特征。兵马俑的鼻头较厚，具有戏剧性的效果，嘴唇厚度适中，说明他们的性格介于理性与感性之间；颧骨都很高，太阳穴陷入额角，表明他们的性格中有硬朗的一面；耳轮较丰满，这是中国人所谓的"福相"（和谷，2005）。因此，秦人对男人的审美要求是，既要阳刚，又要足智多谋，还要具备善良的品质，同时要有福相。"国、用、风、目、田、由、申、甲"这八种基本脸型在过去秦代兵马俑和当今中国男人中都可以观察到，由此展示出秦代男人的气质。

在引导公众体会情感体验层次时，可以借用《诗经》中著名的爱国主义诗篇《秦风·无衣》来体会秦人的英勇。《秦风·无衣》是展现秦人抗击西戎入侵者的军中战歌。在这种反侵略的战争中，秦人表现出英勇无畏的尚武精神，创造了这首充满爱国主义激情的慷慨战歌。

《秦风·无衣》

岂曰无衣？与子同袍。王于兴师，修我戈矛。与子同仇！

岂曰无衣？与子同泽。王于兴师，修我矛戟。与子偕作！

岂曰无衣？与子同裳。王于兴师，修我甲兵。与子偕行！

译文：

谁说没有衣裳？和你穿同样的战袍。君王要起兵，修整好戈和矛，和你同仇敌忾！

谁说没有衣裳？和你穿同样的内衣。君王要起兵，修整好矛和戟，和你共同做准备！

谁说没有衣裳？和你穿同样的战裙。君王要起兵，修整好铠甲和兵器，和你共同上前线！

这首诗歌讲述的是秦人同仇敌忾、共御外侮的兄弟之情。因此，这首诗被称为秦国的"义勇军进行曲"。在秦始皇陵国家考古遗址公园内的遗址博物馆前，如果能让这首诗歌引导公众欣赏眼前静态的兵马俑，那么公众虽然只需要安静地凝视，但耳边好像可以听到寂静的兵马俑军阵中传来的嘹亮的呐喊声，内心也会涌动着激昂的情绪。让公众在千姿千面的陶俑脸上看出刚毅中透露着智慧、平静中蕴藏着力量，眼前的兵马俑军阵可以变得充满韵律和耐人寻味。如果有这样的阅读导赏逐步引导公众达到美好体验，展示的意义就更深刻了，可以大大增强考古遗址的精神气质与场所感。

同样的体验还表现在解说词的高度提炼上。例如，在殷墟国家考古遗址公园内的遗址博物馆中，整个游览线路告一段落时，有个解说牌引用了余秋雨《废墟》中的文字：没有废墟就无所谓昨天，没有昨天就无所谓今天和明天。废墟是课本，让我们把一门地理读成历史；废墟是过程，人生就是从旧的废墟出发，走向新的废墟。这段文字让公众看后产生了深深的共鸣。因此，阅读导赏的效果层次注重看到、听到、知到、悟到，注重内心体验的最高满足。

四、阅读导赏的细节元素挖掘

1. 服务管理

国家考古遗址公园内的细节元素挖掘可以引导公众达到不同层次的体验感知，其主要依靠服务管理的实施。例如，英国肯特郡的坎特伯雷大教堂可以说是阅读导赏的最佳实践典范。作为遗产管理者的神职人员，其从事的工作已经远远不止展示遗产文化价值与历史发展的基本知识。为了给公众留下金色的记忆，坎特伯雷大教堂在所有微观体验上都进行了细致处理，如在遗产吸引物入口处的"欢迎"设施、信息（如参观前了解的信息和对公众礼仪的解释）、员工服务，以及吸引物与当地环境和社区的关系。其中，"欢迎"环节是由人而不是标识来执行的，这样会显得更加友好。

2. 景观语言

> 我置身重见天日的城市之中
> 倾听秋叶飘零
> 有如穿越街道的精灵轻盈的足音
> 我谛听远山断续的喃喃低语
> 激动从断壁残垣中油然而生
>
> ——雪莱《那不勒斯之旅》

以上是著名诗人雪莱的诗句，只要去过庞贝古城的公众，很容易对诗句产生共鸣，因此景观语言对场所精神的塑造与体验感知具有重要的牵引作用，有利于加深集体记忆。另外，需要特别说明的是国家考古遗址公园的 Logo 标识也是解说的一部分。目前，很多国家考古遗址公园都有自己的标识，基本是以考古发掘出土的文物为代表。我国文化和自然遗产日的标识是以金沙遗址出土的太阳神鸟为象征。除此之外，如良渚古城遗址的玉璧意向符号，鸿山遗址博物馆的玲珑球意象符号（图 5-8）等，都是具有象征意义的解说元素，应展示给公众。

(a)金沙遗址博物馆　　　　(b)良渚古城遗址　　　　(c)鸿山遗址博物馆

图 5-8　部分国家考古遗址公园 Logo 或标识图

3. 导赏活动

由于国家考古遗址公园占地面积大，除了遗址博物馆的展示与考古挖掘现场的认知以外，还可以策划围绕考古遗址的导赏活动，增加公众的体验感知。例如，大明宫国家考古遗址公园外围的工业遗产旅游点——大华1935、良渚古城遗址外围的玉文化产业中心、鸿山遗址博物馆外围的梁鸿国家湿地公园，在规划中拟开展的体验活动很多，如策划生态农业观光活动等，这些都可以丰富公众的体验，从而满足其对导赏的美好期望。

日本吉野里历史公园趣味性和娱乐性的导赏活动值得借鉴。公众在游览公园的同时，还可以身临其境地体会弥生人的生活，公园的展示方与建设者允许公众在公园内过夜，并居住于复原的弥生人房屋内，同时公园的管理方还为公众提供一些富有特色的生活用具和食物。在繁星满天的夜晚，远离都市的喧嚣，忘却尘世的烦恼，悠然地享受弥生人的田园生活，使得很多公众都流连忘返。这样的一种精神境界在快节奏的都市生活中是可望而不可即的，但在国家考古遗址公园中却得到了充分的释放。

除了核心的遗址博物馆，国家考古遗址公园可展示的其他文化旅游资源也很丰富。因此，应设计丰富的解读元素，如从生态旅游、工业遗产旅游、农业遗产旅游等入手，提升导赏的意义。我国台湾地区生态农业的导赏活动值得借鉴。在台湾桃米生态村，本地居民以自然生态主题重建家园，组成生态解说团队，开发夜间顺溪流的导览，如观察萤火虫等旅游线路很受欢迎。生态导览解说提高了居民收入，吸引了大量公众常年来访。生态教育农园成为台湾休闲农业的一类重要形态。台湾休闲农业采用产销结合的发展模式，伴生的可携带的土特产很受欢迎，如肉桂茶、莲花茶、莲子酥、九品莲花胶原蛋白护肤霜、面膜、精华液等。依托于公园外围的农家乐，陈设都相对简陋，但从回归田园的温馨体验，到更深层次的生态教育，使导赏活动由浅入深，达到了愉悦身心、陶冶情操、寓教于乐的目的。

第五节　解读案例分享

一、构建大遗址综合阐释与展示体系——讲好良渚5000年文明故事

2019年7月，良渚古城遗址正式列入世界文化遗产名录后，来良渚国家考古遗址公园参观的公众增加了许多，良渚成为社会关注的高频热词，而这些都和良渚国家考古遗址公园以人为本、系统整体的阐释与展示密不可分。良渚国家考古遗址公园从2008年开始建设启动至今，实现了有序的运营管理，同时其阐释与展示也从零星遗址点的展示走向全面系统的展示。浙江省古建筑设计研究院编制的《良渚遗址遗产展示与整治规划（良渚国家考古遗址公园建设规划）》更是有效地转化了阐释与展示概念设计[①]。

良渚古城遗址是良渚文化的权力与信仰中心，包括距今5300～4300年的规模宏大的城址、功能复杂的外围水利系统、分等级墓地（含祭坛）等一系列相关遗址，以信仰与制度象征系列玉器为主的出土文物，揭示了中国新石器晚期环太湖流域曾经存在过的一个以稻作农业为经济支撑、出现明显社会分化、具有统一信仰的区域性早期国家，为中华5000年文明史提供了独特的见证，是人类文明发展史上早期城市文明的杰出范例（杭州良渚遗址管理区管理委员会，2019）。但是承载如此突出价值的遗址却是典型的中国江南潮湿环境中的土遗址，遗址本土脆弱，其参观体验需要阐释与展示的有效转化。良渚国家考古遗址公园不断丰富和完善遗产的阐释与展示，充分彰显遗

---

① 构建大遗址综合阐释与展示体系——讲好良渚五千多年文明故事[EB/OL]. http://www.sohu.com/a/325217196_120029063[2019-10-04].

产价值。良渚国家考古遗址公园文化旅游解读系统的特色主要体现在以下四个方面。

1）场馆结合，打造遗产的立体化展示。以"现场展示+场馆展示"的综合模式进行展示。现场展示运用环境打底、绿植标识、遗址揭露展示、模拟复原、数字演示、标识标牌等手段，形成立体化的遗址展示。场馆展示由良渚博物院、良渚国际考古保护中心、游客中心、专题陈列等构成，增进了公众对大遗址考古和保护的认识与理解。

2）面线结合，构建遗产的系统化展示。解读系统始终围绕良渚古城遗址及其背景环境，突出重点，以点线面串联遗产要素，遵照"最小干预、可识别、可逆"的原则，让公众可观、可感、可悟，从而达到传承文化的效果。

3）虚实结合，推进遗产的创新展示。将具有展示条件的考古发现，进行实体性展示，将不具有展示条件的考古发现，采用适度利用现代科技和艺术的虚拟展示、数字化展示等手段，提高遗产的观赏性、可看性和趣味性，有助于公众对遗址的认知和理解。

4）动静结合，探索遗产的体验式展示。这样的解读方式是对遗址深层次的探索与体验，其使考古的学科理念、研究成果、工作流程、修复技术等得到生动的展示，有助于开展公众考古教育。良渚国家考古遗址公园分别设立了针对成年人的考古平台和针对青少年的考古天地体验馆等，通过沉浸式、体验式的展示互动，进一步增强了文物、遗产的亲切感，提升了遗产的价值。

另外，良渚国家考古遗址公园文化旅游解读系统中的核心部分是良渚博物院。良渚博物院是良渚国家考古遗址公园的重要组成部分，是一个展示良渚文化的专题博物馆。自陈列改造升级后，良渚博物院已经成为"网红"博物馆。从解读系统的组成要素来看，每一个细节都做得细致周到，建筑外观采用了白色极简主义风格。"何以中国"访谈栏目曾采访过良渚博物院的周黎明副院长，周副院长对博物馆的解读系统有很好的剖析①。首先，良渚博物院以"良渚遗址是实证了中华五千年文明史的圣地"为陈列主题，按照良渚文化的发展高度、良渚古城的结构和功能内涵、以玉器为代表的良渚文化

---

① 何以中国·访谈|周黎明：良渚博物院如何成为"网红"博物馆？[EB/OL]. https://mp.weixin.qq.com/s/kD-7yqlck8qseFeA59c7Xg[2019-08-27].

所见证的早期国家形态三个单元展开，形成了非常清晰的脉络和突出的主题线。其次，结合当下年轻公众的阅读习惯和审美情趣，良渚文化文本文字的展示表达从教科书式语言、考古学语言转变为故事讲述性语言，在学术研究的基础上进行科普性的转化，让公众看得懂，并留下深刻记忆，按照互联网思维，这样的解读方式真正做到了"献给每一个人"。再次，良渚博物院还应用了视频多媒体、油画的形式，挖掘和呈现了良渚文化隐含的更多信息，并以人工智能、虚拟现实等现代科技手段进一步丰富视觉效果。最后，良渚博物院设计的7大类350余款的文化创意产品也是解读系统的重要组成，蕴含遗址元素的文化创意产品设计，可让更多的公众将博物馆记忆带走。

因此，良渚国家考古遗址公园的解读系统始终以人为本，不刻意强调展示的视觉效果，而是将切入—引导—停留—观看—围绕—跨越—停靠—凝想等进行串联，为公众打造了张弛有度的游憩节奏，全面提升了游览体验。

二、世界最大儿童博物馆的解说项目策划启示

儿童博物馆的概念诞生于美国，美国印第安纳波利斯儿童博物馆（Children's Museum of Indianapolis）是目前全球规模最大、最负盛名的儿童博物馆，博物馆无论是场馆设计、展品陈列，还是解说服务、体验项目都定位准确，突出了少儿主体的特点，为儿童带来了许多独一无二的体验。2014年，印第安纳波利斯儿童博物馆举办了"秦兵马俑——皇帝的彩绘军"专题展，最具特色的就是博物馆的讲解，讲解通过针对不同年龄段儿童的定制解说践行教育功能。在展厅中，有专门的解说人员分时段给儿童讲解兵马俑的制作过程和彩绘技术。解说人员在讲解兵马俑的制作过程和彩绘技术时，以天然矿物颜料为道具，用生动形象、深入浅出的解说词让儿童了解秦俑身上不同部位的色彩以及秦俑服饰颜色分布的大致规律，还原其原貌。这些专门针对12岁以下儿童的定制解说，活化了遗产本身，给儿童留下了深刻长效的记忆，有效建立了儿童和博物馆内在资源的智力与情感联系。

围绕"秦兵马俑——皇帝的彩绘军"专题展，印第安纳波利斯儿童博物馆还精心设计和研发了一系列文化创意产品。在纪念品商店中，摆满了大小不等的复制兵马俑、儿童画册、图书、冰箱贴、T恤、水杯等，购买者络绎

不绝。文化创意产品的研发，不但给印第安纳波利斯儿童博物馆带来了经济效益，还延伸了文化产业链条，让文化创意产品成为一种特殊的解说方式，让儿童可触摸、感受和回味。

印第安纳波利斯儿童博物馆的公众定位虽然是儿童，但那些理论上为儿童设计的游戏，儿童的父母也无比享受，并沉醉其中。如同《小王子》这本书能够历久不衰地征服亿万读者——不仅仅是儿童——的心，书中开篇的献辞说，我恳请读到这本书的孩子原谅我把它献给一个大人。我有正当的理由：这个大人是我在人世间最好的朋友，如果这些理由还不够，那我就把这本书献给这个大人从前当过的那个孩子，所有大人最初都是孩子（但这很少有人记得）（安托万·德·圣埃克苏佩里，2013）。印第安纳波利斯儿童博物馆独特的讲解方式让来此参观的孩子能够成为更好的孩子，让带领孩子参观的大人也回忆起他们曾经作为孩子时的憧憬与梦想，这是讲解最打动人心的境界。

三、美国国家公园护林员体系对解说教育的启示

美国国家公园的解说已有百年历史，美国国家公园管理局致力于解说功能的推进，对国家公园价值认知、保护、教育以及因地制宜的解说项目策划均起到积极的作用。其中，担负上述职责的人被称为 park ranger，中文翻译为公园巡查员、公园巡察员、公园护林员、管理员等。对于我们来说，ranger 这个词有些生僻，但对于美国人来说，是再熟悉不过的职业。在美国的国家公园、国家保护区、国家纪念地等地都可以看到他们，其职责从国家公园森林巡查到提供游览解说、咨询、科学研究等，具有完善的分工体系，比护林员的职责广泛得多。在美国国家公园内，他们都统一着传统的绿色和灰色制服，担负着保护自然、历史、文化资源管理、解说、环保、教育、游憩等职责。"FOR THE BENEFIT AND ENJOYMENT OF PEOPLE"（为了人民的利益和快乐）是镌刻在美国黄石国家公园北门（罗斯福拱门）的经典语句，道出了国家公园服务大众的理念，即不追求现世的繁荣，追求的是未来代际的福祉传承。

在护林员（ranger）的职责体系中，一项重要的工作就是解说与教育。

美国国家公园的护林员通过解说咨询、解说服务、探险指导、精神引领等，发挥着重要作用。其中，最值得一提的是每个国家公园风格统一且各具特色的"小小护林员"（Junior Ranger）项目，还可翻译为青少年护林员、少年游侠等。该项目开始于 1930 年，让孩子热爱大自然，并了解国家公园的动植物和地理特点，同时通过各种形式的生动体验，让孩子在自然环境中学会探索、学习、保护，是项目的宗旨所在。

凡是去国家公园游览的孩子，都可以在游客中心领到项目手册和免费的铅笔，孩子通过完成项目手册的任务获得徽章。项目手册设计的项目，如画出在国家公园看到的动植物、英文拼字游戏、判断对错、听护林员公开课等，可以培养孩子的细心观察能力。孩子完成任务后获得护林员签名，并一起宣誓保护自然后，才可得到证书和徽章。更重要的是，"小小护林员"项目绝大多数都是免费的，黄石国家公园仅收取 3 美元的材料费。

四、德国杜佩遗址公园的活态展示与公众参与案例展示

德国杜佩遗址位于柏林市近郊，是 13~14 世纪的一个古村落遗址，于 20 世纪 60 年代被偶然发现后，德国考古学家对其进行全面发掘，并在遗址上建立了德国杜佩遗址公园。1975 年开园至今，德国考古学家在对德国杜佩遗址进行保护与开发的过程中，创新性地提出了将德国杜佩遗址发展成为一个进行长期实验考古并向公众传达中世纪生活场景的想法，这一想法成为德国杜佩遗址公园一直坚持的基调。通过实验考古的持续推进，实现公众对历史的触摸、聆听、体验、参与。

结合本书谈到的解读系统，德国杜佩遗址很好地做到了历史场景的复原和活态展示，将静态和动态展示进行有效结合，让公众可以在现实生活中找到穿越历史的感觉，真实地融入中世纪的德国小镇生活。德国杜佩遗址公园最值得展示的两个方面为活化历史场景和融入本地生活。

在活化历史场景方面，主要解读设计如下：首先，根据考古勘察对建筑材料和结构的研究结果，在德国杜佩遗址周边重新复原了一座中世纪小镇和村落，再次展现建筑与人的场景关系，让公众获得强烈的直观感受。同时，将"人"的元素放入场景中，让演员身着中世纪服装"生活"在场景内，公

众可以通过演员的服装、行为、活动充分了解德国杜佩遗址村落的结构，这样的解读方式比文字、图片或者语言更易于让公众感知和理解。其次，德国杜佩遗址公园让生产回归到原本的场景中，削减公众对文化的陌生感和隔阂，公众在小镇可以看到中世纪的耕作、纺织和陶艺等手工艺，边行走游览，边触摸甚至购物，主动探索文化。最后，建立地理坐标与非物质文化遗产的天然联系，对纺织、编制、冶铁、制陶等技艺做现场展示和介绍，甚至可以亲自参与制作，使公众更鲜活地了解非物质文化遗产的价值。

在融入本地生活方面，德国杜佩遗址公园也有很好的解读。德国杜佩遗址公园从售票、解说到导游展示等运营人员，除少数专业人士外，几乎都由公众志愿者组成。从大学教授到家庭主妇，从年轻人到退休老人，大家因兴趣和专业聚集在一起。在与游客的互动参与过程中，志愿者通过提供讲解、出售德国杜佩遗址公园的旅游商品等获得收益，维持德国杜佩遗址公园的开支。在德国杜佩遗址公园内，中世纪的园艺风景受到本地居民的喜爱，为本地居民提供了休闲放松的空间。同时，德国杜佩遗址公园还设立了研学教育课程，针对不同年龄段的孩子，从采集蜂蜜、收获果实到模拟考古复原，所有的课程都和遗址历史息息相关，成为本地居民和外来游客参与研学与感知本地文化的绝佳方式。

因此，德国杜佩遗址公园对整个遗址复原和展示的解读方式时时处处体现着考古的含义。德国杜佩遗址公园通过志愿者参与和活态展示，对考古学科的研究起到了推动作用（黄可佳和韩建业，2014）。德国杜佩遗址公园解读和展示的方式对我国国家考古遗址公园有着重要的借鉴意义，如应充分发挥考古科研人员、公众志愿者在活动中的展示作用；遗址本体减少人工干预，部分恢复和复原当时的经济社会文化活动；运营中多方面考虑公众利益，提高公众参与的积极性等。

综上所述，国家考古遗址公园文化旅游解读系统是一种有效的遗产保护与公众管理工具，"怀念、守望、记忆、传承、保护、发展、欣赏、创意"赋予其更多的价值与内涵。解说是基础、解读是关键、记忆是核心、共鸣是根本、定制是手段、本真是内核。这才是国家考古遗址公园文化旅游解读系统的内涵所在。

第六节　未来研究趋势

国家考古遗址公园文化旅游解读系统是公园规划的重要组成，有明确的规划步骤与实施手段。未来，国家考古遗址公园规划应增加游赏规划或开发规划，对解读规则、解读内容等有所侧重，进而形成完备的解读计划，与国家考古遗址公园的发展政策、经营管理计划、游憩规划设计、游客安全维护等相匹配。

随着国家考古遗址公园建设的不断完善，不论是宏观区域规划或中观目的地规划，还是微观国家考古遗址公园规划，都应从时间维度与空间维度细化文化旅游的解读系统。研究国家考古遗址公园文化旅游解读系统的意义在于，通过解读系统的合理规划，凸显国家考古遗址公园展示的思路，保护大遗址珍贵脆弱的资源，充分彰显游憩、科普教育的功能，有效发挥保护、教育与服务大众的作用，这些与国家考古遗址公园最初建设的理念是完全契合的。未来，国家考古遗址公园文化旅游解读应成为理论和实证分析的重点之一，内容包括对解读评估、解读需求、解读规划设计、解读志愿者工作、解读技能、解读管理等的开拓完善，这也是国家考古遗址公园对大遗址保护理念的有效尝试。

第六章　国家考古遗址公园文化旅游共享平台

> 古迹遗址和旅游业之间的关系是瞬息万变的，随时可能包含有冲突的价值。我们应该以一种可持续发展的方式来理顺这些关系，为我们也为后人造福。
>
> ——《国际文化旅游宪章》

第一节 负责任的推广计划

一、作为管理工具的推广计划

旅游是文化交流的重要工具，对于国家考古遗址公园来说，也是大遗址保护的积极力量，因此确保给公众提供一段有价值的经历是文化旅游的重要职能，其中推广是实现共享的首要助推平台。在文化旅游的背景下，营销被赋予了推广的职责。从某种程度上来说，营销与推广是大遗址保护与传承的重要手段。美国营销协会（American Marketing Association）对营销的定义是，营销被用于以一种与组织目标相适应的方式，开发旅游产品的设施与服务，识别潜在的消费者及其需求，制定产品价格，将产品的魅力传达给目标市场，并以令顾客满意的方式把产品提供给他们（McKercher and Cross，2006）。

在以往的管理中，很多文物专家一直质疑营销的存在，文化遗产是否可以作为资产去营销？市场营销的核心并不是公众访问量和销售量的最大化，而是把公众的需求与优质的产品及服务联系起来，这有助于国家考古遗址公园内的文化遗产吸引物实现更广泛的组织目标。对于国家考古遗址公园的文化旅游来说，组织目标由经济性与非经济性两部分组成。负责任的市场营销会把东道主的需求考虑在内，他们的需求以及对国家考古遗址公园文化遗产的使用与公众不同。因此，市场营销与推广计划是一种正当的途径，是一种正能量的方式。

推广计划可以视作一种调控的手段，可随时了解国家考古遗址公园运营的公众需求，随时调节访问的压力，并通过合理的引导减轻遗址保护的压力。在国家考古遗址公园的游憩空间中，可以通过旅游市场营销说服目标市场的公众，享受所设计的文化旅游线路产品，或者以合适的方式告诉公众不使用某些文化旅游产品，以免给考古工作带来压力。这样甚至可以避免不合意的公众对文化展示的误解。因此，好的市场营销有助于解决高知名度吸引物的可持续性问题。负责任的推广计划可以改善国家考古遗址公园的大遗址特征，通过组合宣传手段确保目标市场的公众了解国家考古遗址公园的共享意义，并有参观的动机。同时，合适的推广计划还能调控公众访问量的波动。

二、国家考古遗址公园文化旅游推广计划特征分析

国家考古遗址公园文化旅游的市场营销是为了更好地为公众提供一段美好的参观经历，因此必须考虑市场营销问题。国家考古遗址公园文化旅游推广的特征表现在以下三个方面。

1. 考虑文化旅游的非经济目标

国家考古遗址公园的建设理念是为了大遗址保护与传承，本书尝试通过文化旅游的路径来探索实现保护、游憩、科普、教育等功能的方法，因此非经济目标占据主要地位。通过国家考古遗址公园文化旅游，不仅可以提升公众保护遗址的意识，还可以教育公众，培养其民族自信心和历史自豪感，甚至进行历史的沉思等。

2. 考虑公众与本地居民共享遗产的事实

国际古迹遗址理事会发布的《国际文化旅游宪章》中，强调旅游者和东道主的动态关系。因此，国家考古遗址公园在进行遗产旅游营销组合时，既要考虑外部市场的需要，也要考虑内部市场的需要。从国家考古遗址公园的遗址本体出发，开发文化旅游产品，并对开发设计过程实施平衡管理措施，既要满足旅游者的旅游动机，又要获得社区对文化遗产利用的支持，确保不牺牲本地居民的需求。

3. 识别可以作为推广的旅游吸引物体系

国家考古遗址公园可挖掘的文化旅游元素非常丰富，很多游憩资源和设施属于旅游吸引物，这些旅游吸引物可以纳入营销推广范畴，丰富市场供给。另外，随着年轻人占据了越来越多市场份额，在推广模式方面也要充分考虑年轻人作为数字原住民的客源特征。因此，国家考古遗址公园的文化旅游吸

引物可以多设计针对年轻公众的深度化、碎片化、体验化的打卡游产品，创新传播模式，利用抖音、小红书等社交媒体，注重整合营销，建立线上线下营销渠道，丰富旅游吸引物体系，促进市场营销迭代更新。

三、国家考古遗址公园文化旅游推广计划组合及意义

国家考古遗址公园的文化旅游推广计划，是文化旅游吸引物总体规划和管理程序的核心内容。因此，必须有战略性的思考，针对不同目标市场进行多重定位和差异化传播。应进行市场细分，充分考虑文化旅游 2.0 时代注重创意体验的特征，通过大数据分析，选定目标市场。受区位、产品特点、受众水平等因素的影响，并不是所有国家考古遗址公园提供的产品或体验都具有普遍的吸引力，因此必须进行一系列的核心宣传促销活动，如果发布不清晰的信息，结果会不尽如人意（McKercher and Cross，2006）。

推广计划的第一要素就是界定自己的目标，Aaker 和 McLoughlin（1998）认为，战略性的推广计划必须回答的问题如下（经修改）：

推广计划是否有助于减少公众访问量的波动？

推广计划是否能确保目标市场的公众提高对考古遗址公园的认知度？

推广计划是否涉及鼓励并引导公众有一段有价值的经历？

推广计划选择提供什么样的文化旅游产品？

推广计划选择锁定什么目标市场？

推广计划是否与周边市场有竞合关系？

艺术品的设计、宣传、销售是否为本地居民提供了合理的社会和经济回报？

创意要素是否构成推广计划的核心战略？

成功的推广计划可以使国家考古遗址公园运营方对公众提供的产品、目标市场、客源市场、行业等有充分了解。同时，还有助于国家考古遗址公园以文化旅游者的视角观察产品。因此，成功的管理、推广计划和高品质的文化旅游体验起着非常重要的作用，有助于了解国家考古遗址公园拟传达的信息是否有效传达给公众。

四、树立国家考古遗址公园文化旅游推广形象

一份有效的推广计划通常由六个因素组成,分别为情景分析、组织使命回顾、经济与非经济目的的具体目标和战略、行动计划、预算、有效性评估手段。其中,市场营销中的"4P"①理论,对策划方式有借鉴与启示作用。对于国家考古遗址公园来说,尤其要制订创新的推广计划以应对日趋激烈的市场竞争。

1. 整合推广计划传播,助推文化旅游形象

整合营销传播(integrated marketing communication, IMC)是市场营销领域内的一种新理论,强调以统一的传播目标来运用和协调各种不同的传播手段(冉运岚,2013)。相对于传统的营销手段来说,整合营销传播更加注重信息的整合,适应于对国家考古遗址公园的文化旅游品牌形象的塑造。

整合营销传播对国家考古遗址公园的文化旅游形象整合、推广计划组合具有带动作用。首先,可以通过整合综合考虑国家考古遗址公园文化旅游产品的特点、考古遗址的展示、公众需求、公众的文化旅游感知等因素,策划展现国家考古遗址公园文化旅游形象的识别系统,如国家考古遗址公园的主题标识、形象符号、宣传口号、特色餐饮等。其次,营销是在识别国家考古遗址公园文化旅游产品或服务需求的基础上,确定目标细分市场并设计满足公众需求的文化旅游产品、服务和体验项目,如模拟考古体验。最后,对本地居民和外来游客进行专门传播,进而促使其来到国家考古遗址公园,由潜在市场变为现实目标市场。例如,可以设计针对不同需要的文化旅游形象宣传口号,供国家考古遗址公园推广计划选用,为文化旅游形象标识设计提供依据。此外,还可以依据国家考古遗址公园最核心的遗址体现公园的内涵定位,以国家考古遗址公园的场所精神定位宣传口号,也可以将国家考古遗址公园的文化旅游资源、公众定位主题口号与标识,甚至特色文化整合在国家考古遗址公园旅游纪念品的设计中。

对此,国外有很多经验值得借鉴,如大英博物馆曾举办过"秦始皇:中

---

① 4P 是指产品(product)、价格(price)、渠道(place)、促销(promotion)。

国兵马俑"的展览，期间为展览而实施的一系列推广计划对于中国考古遗址公园的推广很有启发。首先，该专题展览的推广计划遵循"以人为本"的理念，始终强调专题展览是针对公众的展览。其次，精心考虑展览策划、陈列设计、公众教育服务、文化产业链条等细节，在宣传推广计划实施中，主流媒体全程现场直播从展品的点交、包装、启运到摆放的所有环节，即便是一家小小的餐馆，也可以看到展览的宣传册。另外，展场设计的主题鲜明，从秦始皇生前统一中国的伟业介绍到死后"永恒世界"的辉煌，展品摆设的位置、灯光、解说牌等均围绕主题精心设计，展览的陈列方式使得参观者可以从各个角度欣赏每一件展品，而不仅仅是用文字讲述秦始皇的故事（张颖岚，2008a）。在公众教育方面，该展览采用多种立体互动方式，如学术讲座、书法、工艺品制作、诗歌朗诵、家庭亲子活动、青少年教学、成年人考古探索等"活化"文化遗产的方式，摆脱冷冰冰的讲解词而充分体验各种暖心的活动。在家庭亲子活动中，展览方设计了探寻秦始皇、制作小兵马俑等参与性很强的活动。例如，2007年英国饮食节的兵马俑饼干、世界网球比赛时网球高手的兵马俑造型等都是非常成功的文化旅游产品的设计与开发案例，如复制的小陶俑、书籍、画册、明信片、DVD、水杯、T恤、领带、杯垫等都是受公众欢迎的便于携带且富有纪念意义的商品。因此，负责任的推广计划对国家考古遗址公园的文化共享具有积极的意义。

除此之外，香港国家地质公园的品牌管理也值得借鉴。2009年11月3日，香港国家地质公园正式揭碑开园，并借助文化创意思路达到了遗产保护与旅游开发和谐共生。其营销推广的计划包括：设计国家地质公园标识，推出由小学生演唱的香港国家地质公园主题曲《近在咫尺》；设计地质遗迹主题的"石柱家族"卡通人物；推出国家地质公园纪念品和地质公园餐；为游客特设的点读笔、特制地图、导赏员；推出系列有关地球科学和地质公园的刊物等，这些都有效保护了文化遗产和旅游的开发（席岳婷和赵荣，2012）。

2. 关系营销与营销道德对国家考古遗址公园的社会意义

关系营销是北欧学者提出并发展起来的，以建立、维护、促进、改善、调整关系为核心。在保证国家考古遗址公园最佳容人量和正常考古工作顺利开展的前提下，营销道德是树立国家考古遗址公园良好形象的一部分。营销道德用来判断国家考古遗址公园的营销行为是否正确、营销活动是否符合公众及社会利益、是否能给公众带来最大幸福。因此，对于国家考古遗址公园公益性的公共产品，要采用基于道德观念的营销手法，如公众导向营销、使命感营销、社会利益导向营销、创新营销等方式。

第二节　智慧旅游与服务体系

一、大数据时代与智慧旅游

在互联网时代，社交网络、电子商务、移动通信把人类的生活带入了一个以"PB"（1024TB）字节为单位的结构与非结构数据信息的新时代。

大数据（big data）被用来描述和定义信息爆炸时代产生的海量数据，其具有大量（volume）、高速（velocity）、多样（variety）、精确（veracity）等特点。而发掘数据价值的动力就是云计算，从获取抽样数据、局部数据、片面数据，到获得和使用全面数据、完整数据和系统数据，大数据引起了生活、工作与思维的大变革。随着智能手机等设备的出现，人们的行为、位置，甚至身体的生理数据都能成为可被记录和分析的数据，这对于辅助政府和公众决策具有重要的价值。

大数据的科学价值和社会价值正在撼动世界的方方面面，自然也影响到了智慧旅游（smart tourism）。如果在国家考古遗址公园内，利用云计算、物联网等新技术，借助便携的上网终端，主动搜集有关考古信息、文化旅游资源、公众体验旅游活动、公众消费动向、国家考古遗址公园周边环境变化等数据，并对其进行量化分析，对于有效地保护考古遗址，更好地实现传承与共享具有重要作用。

智慧旅游服务体现在很多方面，如免费 Wifi、APP、一卡通、手机应用、呼叫中心、行程监控、旅游资讯网等都是以智慧旅游的视角，重新审视旅游目的地的旅游信息服务。国家考古遗址公园作为旅游目的地吸引力因素，应重视数据的意义，因为数据可以重构文化旅游模式，流量可以改写未来文化旅游的发展。智慧旅游应用示例如图 6-1 所示。

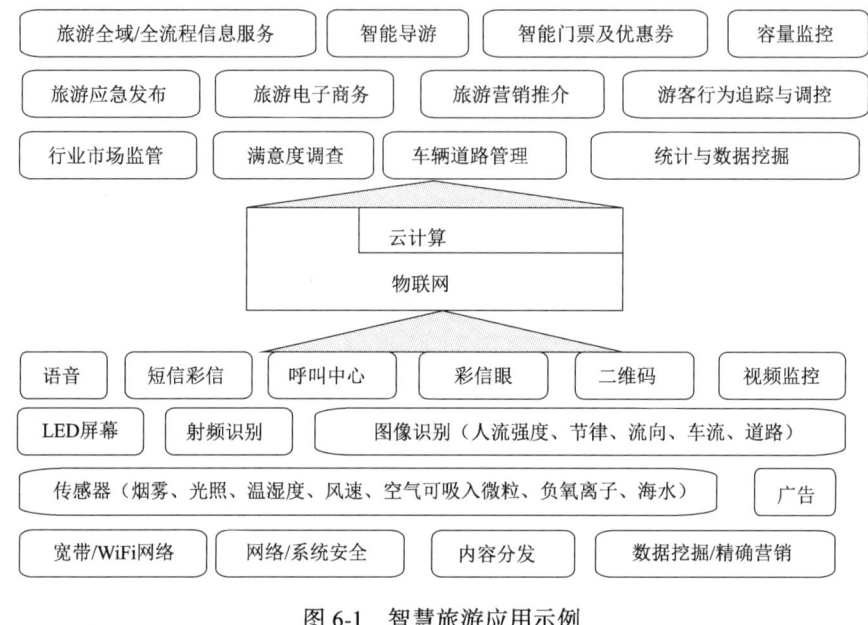

图 6-1　智慧旅游应用示例
资料来源：张凌云等（2012）

二、智慧旅游对国家考古遗址公园的意义

智慧旅游和国家考古遗址公园一样，是个全新的命题，但建设智慧旅游已经蔚然成风。更重要的一点是，"智慧旅游"一词的起源也和国家公园息息相关。2000 年 12 月 5 日，戈登·菲利普斯（Gordon Phillips）在加拿大旅游业协会举办的研讨会上做了题为"智慧旅游与加拿大国家公园"的主旨演讲，在演讲中他指出，智慧旅游就是简单地采取全面的、长期的、可持续的方式来进行规划、开发、营销旅游产品和经营旅游业务，这就要求在旅游所承担的经济、环境、文化、社会等每一个方面进行卓越努力[①]。

对于国家考古遗址公园的公众来说，智慧旅游最大的意义在于对公众的

[①] 8月20日，云南省旅游景区协会2014年年会将于普者黑景区召开[EB/OL]. http://www.zgpzh.gov.cn/News_View.asp?NewsID=1774[2019-10-04].

主动服务，它可以将物联网、云计算、智能数据等技术用在公众对国家考古遗址公园的文化旅游体验、智慧管理等方面，使考古信息得到高度系统化整合和深度开发激活，让公众主动感受国家考古遗址公园的历史积淀，并服务于公园管理方。因此，就智慧服务而言，服务模式、服务方式、服务手段和服务评价均是很大的创新。

对于国家考古遗址公园建设管理方来说，智慧旅游的益处不仅在于可以适时监控流量，做到有效地保护考古遗址，还可以利用自助导览系统提升旅游体验等。例如，对国家考古遗址公园的网站内容和版式进行全面分析，并制订优化方案。建设国家考古遗址公园安全保障智能监控工程，电子门票、门禁工程，流量实时统计、上报、发布工程，应急管理及紧急救援工程，遗址公园内部办公工程，门户网站工程，电子商务工程，考古遗址发掘数据化信息发布、多媒体展示及网络虚拟工程，自助导游系统工程，呼叫平台、投诉、公众互动工程等，从而提升服务公众的能力。

目前，有关物联网对文化遗产的保护检测，已经有了很多研究成果与应用。这方面做得比较好的有金沙国家考古遗址公园、秦始皇陵国家考古遗址公园等。例如，金沙国家考古遗址公园从物联网在文化遗产信息化建设的全局出发，根据金沙国家考古遗址公园的个性特点与独特需求，致力于智能化、数字化博物馆的建设，从安防报警体系、局域网络办公、门禁智能化，到网站信息发布、陈列展览导览体系等都值得称赞。

三、国家考古遗址公园智慧旅游的推广与服务体系

在国家考古遗址公园的公众出行方式中，自助游占据很大比例。未来，还会有更多的公众选择自助游，充分实现自己对国家考古遗址公园的个性化需求，寻求与众不同的旅游体验。现有的文化旅游宣传营销、文化旅游信息服务、文化旅游产品服务等都不能满足个性化需求，在新时代的环境下，信息化是文化旅游发展的主流趋势之一，而国家考古遗址公园可以为文化旅游服务体系的智慧化提供支撑平台。在这样的背景下，智慧旅游成为旅游业转型的新方向。国家考古遗址公园作为中国文化旅游发展的重要空间，其所承载的智慧旅游的实际应用更具实际意义与迫切性。因此，将智慧旅游的宣传

与服务体系植入国家考古遗址公园，既可以依托信息化更好地管理遗址遗迹信息，也可以更好地满足公众的需求。

国家考古遗址公园的智慧旅游建设可用"一条主线、两翼支撑、三环保障"的模式来构建。"一条主线"是指以国家考古遗址公园的文化旅游信息、考古发掘信息、文物修复信息、遗产保护信息等的加工和传播为主线。也就是说，要求国家考古遗址公园在文化旅游活动前、文化旅游活动中、文化旅游活动后的三个阶段采集公众需要的文化旅游信息，对信息的类型、途径、数量、质量等进行编排，保证三个阶段信息的质量。从行前"广渠道"的宣传营销，为本地居民和外来游客提供文化旅游与休闲的旅游抉择，到文化旅游活动中，充分发挥游客服务中心的作用，为公众提供便捷、及时、精准的信息服务，再到旅游后，通过信息平台发布分享旅游心情等，以此构建国家考古遗址公园的文化旅游互动交流渠道。

"两翼支撑"主要是指智慧旅游营销体系与服务体系。智慧旅游营销体系的目标在于改变国家考古遗址公园单一的宣传模式，建立融会贯通的文化旅游网络集群，可以通过适时地发布文化旅游信息，包括考古新发现、遗址保护论坛、模拟考古体验，依托国家考古遗址公园的文化旅游推介会、文化旅游平面媒体营销、广播电视等线下的推广与线上的推广，实现互惠互通。此外，国家考古遗址公园还可以与国内外的著名旅游网络营销平台对接，如携程、艺龙、新浪等在线旅游平台，以及国家考古遗址公园所在地周边地区的旅游资讯网等，从而实现细分市场的有效对接。同时，除了传统的品牌推广、体验推广、会议推广、事件推广、影视推广等方式外，还要注重网络推广，如微博、微信推广等。此外，还可建立国家考古遗址公园文化旅游推广热线、文化旅游呼叫中心、文化旅游投诉热线、文化旅游资讯服务站等。智慧旅游服务体系的目标在于提升接待要素的信息化与智慧化水平，让国家考古遗址公园智慧化的管理与文化旅游推广对接，提升文化旅游信息咨询中心、旅游管理监控中心、文化旅游产品销售中心等的服务品质。

"三环保障"是智慧旅游在国家考古遗址公园的保障体系，主要包括政策保障、机制保障、人才保障（李云鹏和黄超，2015）。例如，北京发布了《智慧旅游行动计划纲要（2012—2015 年）》，苏州、南京、镇江等也发布了智慧旅游行动纲要。这些政策为这些地区国家考古遗址公园的文化旅游智慧化建设提供了很好的支持。

四、国家考古遗址公园智慧旅游发展的趋势与愿景

大数据开启了社会的时代转型，改变了人们的生活，成为许多新发明和新服务的源泉。对于国家考古遗址公园这个特定空间而言，需要更多的数据支持，以更好地保护考古遗址，增进公众的文化感知。

国家考古遗址公园文化旅游发展的趋势和愿景可以归纳为：最大限度地满足公众的个性化需求；为公众提供遗址公园内的定制化服务，不仅包括智慧营销与服务接待，还包括智慧管理。这有助于实现国家考古遗址公园遗址保护信息、文化旅游资源和社会资源的共享，以及系统化、集约化、协同化管理；有利于推进文化旅游产业与其他产业交叉、渗透、跨界、融合，最终推进一体化的进程；有利于催生和培育国家考古遗址公园及其周边环境文化旅游新兴业态和现代服务业。同时，应发挥人才的作用，完善人才激励机制，积极开展与高等院校和科研机构的合作交流，这些措施客观上都有利于文化旅游的发展。因此，智慧化路径是实现国家考古遗址公园文化旅游传承的积极尝试。

2019年8月，中共中央宣传部、科学技术部、财政部、文化和旅游部、国家互联网信息办公室、国家广播电视总局联合印发《关于促进文化和科技深度融合的指导意见》的通知[①]。《关于促进文化和科技深度融合的指导意见》指出，以数字化、网络化、智能化为技术基点，重点突破创意设计、文物保护利用、非物质文化遗产传承发展、文化旅游等领域的系统集成应用技术，开发内容可视化呈现、互动化传播、沉浸化体验技术应用系统平台与产品，优化文化数据提取、存储、利用技术，发展适用于文化遗产保护与传承的数字化技术和新材料、新工艺。因此，未来国家考古遗址公园的智慧旅游建设是促进文化旅游创新发展的主要推动力。

---

① 科技部等六部门印发《关于促进文化和科技深度融合的指导意见》的通知[EB/OL]. http://www.most.gov.cn/mostinfo/xinxifenlei/fgzc/gfxwj/gfxwj2019/201908/t20190826_148424.htm[2019-10-04].

第三节 文化旅游的规划匹配

一、从《国家考古遗址公园评定细则（试行）》看规划的重要性

国家考古遗址公园如何做？怎么做？对于规划来说是个避不开的过程，为了更好地对应未来的运营与建设方向，国家考古遗址公园的规划必须注重可操作性。《国家考古遗址公园评定细则（试行）》将考察内容分为资源条件评价，遗址的考古、研究和保护评价，遗址的展示与阐释，遗址公园的管理与运营四大类，详见表6-1。

表6-1 国家考古遗址公园评定计分框架

	资源条件评价（150分）	遗址的考古、研究和保护评价（200分）	遗址的展示与阐释（200分）	遗址公园的管理与运营（150分）
必要指标（700分）	1. 遗址价值评价（30分） 2. 公园规模与内涵（30分） 3. 区位条件评价（50分） 4. 基础条件评价（40分）	1. 考古工作评价（30分） 2. 保护规划实施（20分） 3. 遗址本体保护（40分） 4. 遗址环境保护（30分） 5. 日常维护与监测（30分） 6. 风险防范（20分） 7. 研究与成果转化（30分）	1. 展示规划实施（20分） 2. 展示设施建设（60分） 3. 遗址场地展示（80分） 4. 公众参与（40分）	1. 设施与服务（80分） 2. 开放效果（20分） 3. 机构人员（20分） 4. 制度体系（30分）
附加指标（100分）	环境条件评价（25分）	研究条件与设施（25分）	延伸展示（25分）	宣传推广（25分）

注：必要指标得分为600分以上，且单项得分不低于总分值的80%，附加指标总得分50分以上可评定为国家考古遗址公园

对于国家考古遗址公园的规模和建设而言，不在于"大"和"快"，而在于如何有效保护并展示遗址的核心价值，能否满足遗址长期的考古与安全、研究及开放的需要，以及遗址及其景观环境的协调（贺艳，2010）。这部分

涉及国家考古遗址公园规划编制工作中的技术规范要求，国家文物局已出台有关规划编制的办法，以保证编制和执行质量。

二、国家考古遗址公园文化旅游规划应与其他规划相匹配

有了国家文物局出台的系列有关国家考古遗址公园建设办法等的政策支持，还需解决各类专项规划的匹配问题。例如，国家考古遗址公园的文化旅游规划应与文物保护规划、考古工作计划互为补充，不得发生冲突。国家考古遗址公园要具备的条件包括：已经公布为全国重点文物保护单位；保护规划已经由省级人民政府实施；考古工作计划已经获得批准并启动实施；有符合文物保护规划的遗址公园规划；具有独立法人资格的专门管理机构。因此，可进一步探讨如何使文化旅游的规划与其他规划相匹配，尤其是在展示方面。

第四节　文化旅游风险管理

一、风险管理对国家考古遗址公园的意义

遗址遗迹资源的不可再生性，使得国家考古遗址公园的风险管理十分必要，因此需要全面认识国家考古遗址公园内可能存在的风险源、风险因素、风险事故和损失。

在《国家考古遗址公园管理办法（试行）》以及对应的《国家考古遗址公园评定细则（试行）》中，遗址的考古、研究和保护是国家考古遗址公园评定中需要考察的四大项内容之一，其中风险防范是遗址的考古、研究和保护考察内容中包含的7项必要指标之一。风险防范对于保护国家考古遗址公园的遗址遗迹来说是非常必要的，涉及安全保卫、监控、防灾、遗址日常变化监测等。另外，与遗址公园管理与运营有关的文化旅游涉及很多因素，如合理限定游客数量、配备相应服务设施等，这些都是风险防范的考虑因素。

因此，应将风险管理纳入国家考古遗址公园的日常管理中，可在一定程度上缓解遗址遗迹的保护与旅游之间的矛盾。

二、国家考古遗址公园文化旅游的风险管理过程

对于国家考古遗址公园来说，风险管理要求建设者对考古遗址、公园运营、周边环境中有可能存在的风险进行识别与衡量，并采取必要且可行的手段和技术措施对风险加以处理，以合理的成本实现最大安全保障的管理活动。例如，秦始皇陵国家考古遗址公园曾从地理角度，将影响秦始皇陵文化遗产安全的因素划分为遗产地尺度、遗址尺度、文物尺度，并从安全监控、遗址风貌、气候环境和人为活动等方面，确保文化遗产的安全，使风险管理活动常态化（赵昆，2011）。因此，对于国家考古遗址公园来说，在开展文化旅游时，建设方和经营方应合理地评估有可能存在的风险，通过有效的业务管理分散、降低和规避风险，提高风险报酬率。在实施过程中，应考虑的原则包括：强调防患于未然的事前管理；定性与定量相结合的数量化方式衡量风险程度；预设最坏的情境；风险模拟评估；弹性化的纠正调整等。

三、应对危机管理的机制

在国家考古遗址公园的风险管理中，风险管理与沟通是一种长期的管理。首先，提醒国家考古遗址公园在管理和运营中注意那些有可能被忽视的风险。其次，在风险存在的情况下，通过沟通可以获得信任和理解。其中，危机是最重要的一种风险因素，有时表现为突发性的，一旦出现负面效应，可通过沟通最大限度地减轻事件产生的不良影响，并通过多元化策略，维护国家考古遗址公园原有的可信度与传承价值。

因此，在整个风险管理中，必须对危机管理给予足够的重视，并对其进行常态管理和动态管理，只有这样才能更好地保护珍贵脆弱的大遗址，更好地引导公众的文化感知与遗产价值共享。图6-2是危机事件生命周期架构图，反映了从危机出现到被处理结束的整个过程。该架构的目的在于让国家考古遗址公园管理方建立长效的危机管理，注重危机潜伏时的常态管理、危机发

生后的应急管理、危机消除后的恢复管理，将危机带来的损失降至最低，这是危机管理的作用所在。

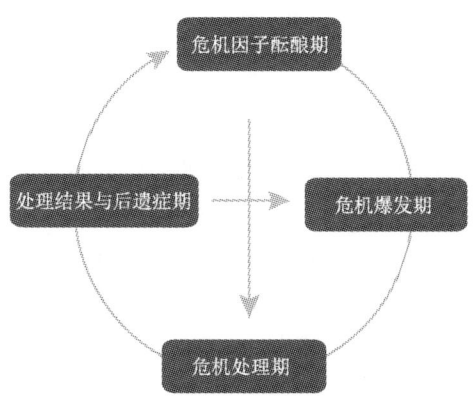

图 6-2　危机事件生命周期架构图
资料来源：邹统钎（2005）

国家考古遗址公园危机的战略防控对策主要包括：优化文化旅游发展的基础环境，增强国家考古遗址公园的抗风险能力。国家考古遗址公园危机的战略应对策略主要包括：多方参与，构建立体的危机应对网络体系；与管理部门、协会、公众沟通协调，实现高速化信息传递。国家考古遗址公园危机的战略恢复策略主要包括：重新树立文化旅游形象，逐步恢复公众对国家考古遗址公园的信任。

例如，黄石国家公园对于野火危机的处理是将负面事件正面化解的典型案例。1988 年，黄石国家公园遭遇了史上最严重的野火，几万名消防员都无能为力，公园 36% 的土地被烧毁，数以百计的动物死亡，公园的设备与基础设施毁于一旦。野火发生的季节与公众游览的高峰期都集中在 6～8 月，加之媒体的报道导致旅游季节的缩短，因此公众的行为常受到严格限制，如公路和宿营地关闭等。大多数人都认为野火是一种具有极强破坏性的力量，意味着死亡与毁灭。但冰河世纪以来，野火发生的时间比较固定，野火过后，会产生许多分外美丽的自然景观，进而对植被与森林的进化产生积极的影响。向公众解释野火等自然现象，使其理解野火对生态系统产生的积极作用，成为黄石国家公园新的工作内容（德克·格莱泽，2004）。为此，黄石国家公园专门创建了示范性的教育项目，如告知公众野火在生态系统中的作用、展示被野火烧毁的地区、讨论野火的影响、设计出版物等，由此公众对野火有了新的认识，进而易于接受管理者对其实施的限制。甚至有些公众会因为野火取消原定旅行计划，变成亲自研究野火，这说明人们对野火是感兴趣的。那个时期，黄石国家公园的宣传口号也十分有趣：快来吧！在野火过后的地方，有无数的发现在等着你。明年、再过5年或10年，在不同的季节再次来到这里时，你将目睹这里所发生的神奇变化，进而感受一个纷繁多样的世界。

总之，国家考古遗址公园的文化旅游发展是可持续的工程，需要多方面利益主体的协同，除推广计划、智慧旅游、文化旅游规划匹配、旅游风险有效管理等之外，还有很多因素会影响国家考古遗址公园文化旅游的传承与共享。例如，制度的设计与管理、人才的培养引进、土地问题、投资问题、政府的引领作用、文化遗产的效能发挥等，每一个要素都是重要的影响因素与保障条件，这些在文化旅游未来的研究中，还将继续被持续关注。

第七章 阳陵国家考古遗址公园实证分析

> 促进和鼓励保护文物各方和旅游业之间的对话,讨论遗迹场所、收藏和生活文化的重要性和脆弱的本质,包括为它们实现一个可持续发展将来的需要。
>
> ——《国际文化旅游宪章》

第一节 文化旅游现状、问题与对策

一、阳陵国家考古遗址公园建设历程

阳陵国家考古遗址公园，依托汉景帝刘启与王皇后同茔异穴合葬的阳陵陵园而建，是迄今发现保存最为完整的汉代帝陵陵园，是人们了解、研究汉代帝王陵寝制度及汉代历史文化的重要实物资料。目前，可供公众参观的主要有考古陈列馆、帝陵外藏坑遗址保护展示厅、南阙门遗址保护展示厅、宗庙遗址四个基本陈列。其中，帝陵外藏坑遗址保护展示厅是在帝陵封土东北10条外藏坑上构建而成的全地下建筑，是世界上第一座采用先进的文物保护技术建成的全地下遗址博物馆，是阳陵国家考古遗址公园最具展示特色的场所。

阳陵国家考古遗址公园的建设过程体现了大遗址的保护历程。2008年5月，在全国首次一级博物馆评估活动中，汉阳陵博物馆荣获"国家一级博物馆"称号。2009年1月，汉阳陵博物馆游客服务中心竣工，主要设游客休息室、汉代服饰展览室、对外服务中心等。2010年10月9日，国家文物局公布阳陵国家考古遗址公园等12处国家考古遗址公园为第一批国家考古遗址公园。2012年6月9日，汉阳陵博物馆被授予"陕西省青少年模拟考古实践基地"称号。2012年11月，汉阳陵博物馆被中国科学技术协会授予"全国科普教育基地"称号。以上大事记扼要地说明了阳陵国家考古遗址公园的建设历程。

二、阳陵国家考古遗址公园文化旅游概述

1. 多元化的考古遗址展示体系

与其他国家考古遗址公园相比，阳陵国家考古遗址公园最大的特色在于其拥有多种文化遗产资源展示方式，如保护性展示、陈列式展示、复原性展

示等。阳陵国家考古遗址公园的展示体系独具特色，成为文化旅游的重要吸引力因素，使得公众的游览体验大大超过期望值。

2. 阳陵国家考古遗址公园文化旅游的 ASEB-SWOT 评价

为更好地评价阳陵国家考古遗址公园文化旅游发展状况，还可以从定性的角度运用 ASEB-SWOT 的栅格分析法进行分析。这种分析方法与常规 SWOT 分析法的不同之处在于，充分考虑公众的需求导向，将公众体验综合在调查分析过程中，评价分析结果可用于以营销的模式设计体验类的文化旅游活动。

ASEB-SWOT 评价由需求层次分析和内外部环境分析两部分组成。ASEB 是指曼宁-哈斯-德赖弗-布朗（Manning-Hass-Driver-Brown）的需求层次分析，即活动（activity，A）、环境（setting，S）、体验（experience，E）、收益（benefit，B）与 SWOT 分析中的不同要素，即优势（strength，S）、劣势（weakness，W）、机遇（opportunity，O）、威胁（threat，T）相互对应结合起来，形成一个具有 16 个单元的矩阵。同时，按顺序从 SA（对活动的优势评估）到 TB（对收益的威胁评估）对这 16 个单元逐次进行研究分析。ASEB 栅格分析法从公众的角度，对旅游对象活动、环境、体验与收益的优势、劣势、机遇与威胁进行综合分析与评估，分析结果将为阳陵国家考古遗址公园的文化旅游开发提供科学依据（图 7-1 和表 7-1）。

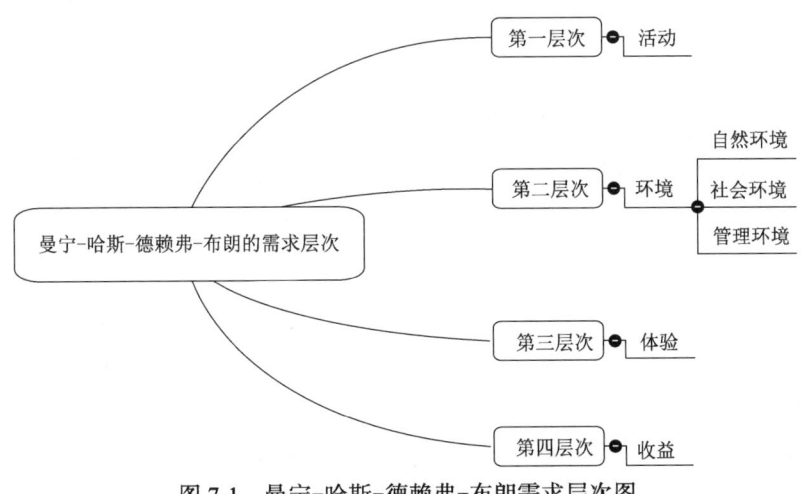

图 7-1 曼宁-哈斯-德赖弗-布朗需求层次图

表 7-1　ASEB-SWOT 分析矩阵

项目	活动	环境	体验	收益
优势	SA	SS	SE	SB
劣势	WA	WS	WE	WB
机遇	OA	OS	OE	OB
威胁	TA	TS	TE	TB

根据阳陵国家考古遗址公园的实地调研，可以得到基于公众体验的阳陵国家考古遗址公园 ASEB-SWOT 评价结果（表 7-2）。

表 7-2　阳陵国家考古遗址公园 ASEB-SWOT 评价

项目	活动	环境	体验	收益
优势	具有多元展示体系，品质高	咸阳原地域广阔、平缓，风水俱佳	汉文化的意象载体	文化与旅游融合的利好政策
劣势	模拟考古等体验性活动频次少	周边可整合的资源少、可进入性优势不明显	更多停留在观光层面，参与性活动少	畅体验项目相对缺乏
机遇	文化与旅游进入国家战略层面，西咸新区建设带来机遇	西咸一体化区域生态环境整治的政府补助	国家考古遗址公园倡导的考古保护、科普教育功能优势突出	构建多元展示体验产品，提升国家考古遗址公园认知度
威胁	认知度低、区位优势不突出	未形成休闲游憩的差异化战略	记忆元素待挖掘，解读功能不充分	管理机制需改变

综上所述，阳陵国家考古遗址公园发展文化旅游的优势包括：作为中国目前保存最为完整的西汉帝陵陵园，如同埃及的"金字塔"，被誉为"东方的金字塔"，遗址旅游资源特色独一无二；帝陵外藏坑保护展示厅的展示手段达到世界先进水平，是文物保护技术和展示方式的典范；遗址区的文化旅游展示手段多元化；具有先进的文化遗产资源保护手段；园区地域广阔，自然环境优美，四季植被品种丰富，金秋时节的阳陵银杏林已成为园区的特色旅游产品，更是西安文化旅游品牌；模拟考古体验、公众考古教育活动已有一定的知名度，形成了很好的影响力。阳陵国家考古遗址公园发展文化旅游的不足包括：国家考古遗址公园综合功能还有提升空间；辐射博物馆外围的文化旅游产品应提档升级；园区内部的游憩线路组织需优化；文化旅游产品

创新力和营销推广应进一步加强。

三、提升阳陵国家考古遗址公园文化旅游的策略

综上所述，阳陵国家考古遗址公园自身的文化旅游资源优势很突出，但是要与国家一级博物馆、4A级旅游景区、爱国主义教育基地、模拟考古基地等定位匹配，还需要进行深入挖掘与展示，融入更多考古保护与文化共享的内容，更好地发挥国家考古遗址公园的考古保护、科研、教育、游憩功能。

对此，要把握的原则体现在：第一，注重场所精神塑造。设计能使公众留下深刻印象和强烈感受的文化旅游产品。第二，注重原真性体验。注重国家考古遗址公园遗址遗迹本体的保护及其周围环境与文化空间的连片保护，这样的保护方式有利于为公众提供一个更为真实的文化旅游体验环境。第三，提高公众的参与程度，感受文化旅游的精神内涵。第四，体现差异化战略。表现旅游体验和文化感受的唯一性与独特性，设计具有独特文化符号和特质的文化旅游体验产品，以增强阳陵国家考古遗址公园的差异化特征。

1. 塑造阳陵国家考古遗址公园的场所精神

可从实体形态、活动内容和含义等方面塑造阳陵国家考古遗址公园的场所精神。例如，在园区的景观步道两边设置一定数量的盆栽绿化或者植被覆盖，丰富步道的空间层次感，增加可供公众停留驻足的静态开发空间；继续沿用仿汉建筑风格，对建筑高度进行控制，形成错落有致、高低起伏的立面形态；在门、墙、窗等外部装饰上做文章，通过外部装饰的变化打破仿古建筑物的单一，营造浓厚的汉代历史文化氛围；丰富以汉代文化为主题的文化旅游体验活动，增强公众的场所认同感；等等。

重点打造阳陵国家考古遗址公园具有丰富意象的场所。例如，汉文化意象载体地、"方上"墓葬制度展示地、汉阙门礼制建筑表现地、景观考古推广地、从馆舍天地走向大千世界的示范地、风景意象的体验地、汉科技成就展示地等。

2. 依托解读系统构建合理流畅的展示线路

国家考古遗址公园游憩线路的设计是解读系统的重要组成部分，合理流

畅的游线和核心景观是阳陵国家考古遗址公园的文化旅游特色。需要特别指出的是，帝陵外藏坑保护展示厅的展示手段已达到世界先进水平，通过解读设计者的设计理念可以大大提升公众的文化感知。主体景观节点——帝陵外藏坑保护展示厅的设计非常重视公众的文化信息获取与体验感知，其游线组织在引导公众体会汉家陵园气势的同时，还凸显了还原发掘前原始环境的设计理念，在长达500米悬空的玻璃廊道展线上，通过引—停—绕—跨—靠—观等手段，伴随外藏坑灯光的明暗，使公众产生不同的心理体验。帝陵外藏坑保护展示厅的展示效应，堪称阳陵国家考古遗址公园文化遗产资源展示的亮点（刘克成和肖莉，2006）。考古陈列馆及南阙门遗址保护展示厅也是展示线路中极具特色的景观节点，其中，南阙门遗址还被作为阳陵国家考古遗址公园的Logo标识。另外，东阙门、宗庙遗址保护展示棚等景观节点也各具特色，可以引导公众在不同的驻景点体会汉文化的特点。

3. 提升阳陵国家考古遗址公园科研教育和游憩功能

阳陵国家考古遗址公园内的博物馆是展示汉文化的重要场馆，是体现遗产地精神的重要场所。因此，可以通过模拟考古体验、开设汉文化讲坛、建立青少年教育基地、非物质文化遗产展演等方式阐释遗址的价值及其所承载的中华优秀传统文化，还可以邀请文物专家为公众讲授文物修复知识，让公众真正体会到文物修复的神秘，进而提升阳陵国家考古遗址公园的科研教育和游憩教育功能。

4. 设计复合型、体验型文化旅游产品

阳陵国家考古遗址公园应充分发挥区位优势，除了园区内的遗址展示、景观设计之外，还应与西安的城市布局调整、城市功能优化等结合起来，设计复合型、体验型的文化旅游产品，实现互利双赢，以便更好地发挥阳陵国家考古遗址公园的示范区带动作用。例如，可以举办主题节庆活动、金秋摄影、观百亩花海、"西风残照、汉家陵阙"意象体验、汉代服饰礼仪体验、汉代乐府诗歌演艺、汉代骑射活动体验等。在此基础上，还可以带动周边地区的旅游开发，通过大力发展生态旅游、休闲农业、乡村旅游等，实现大遗址保护利用与相关业态的协调发展。

5. 提升景区知名度和公众访问量

目前，阳陵国家考古遗址公园的公众访问量还有很大的提升空间，应加大宣传促销活动。一方面，要抓住回头客，提高公众对阳陵国家遗址公园的忠诚度和美誉度；另一方面，要扩大宣传力度，充分利用新媒体的传播手段，提升阳陵国家考古遗址公园的访问量。同时，还可以考虑官方网站的更新与信息补充，进一步强化公众对阳陵国家考古遗址公园的认知度。

通过开通微博与微信官方平台，实现智慧旅游管理，并将其作为信息交流平台，及时发布信息，进行品牌推广，开展互动活动，收集反馈信息。在信息高速传播的今天，公众注意力成为稀缺资源。如果要提升阳陵国家考古遗址公园的知名度，不仅要加大广告宣传力度，还要抓住宣传的时机，吸引潜在公众的注意力。2012年《华商报》上一篇"百亩银杏林梦幻般的美"的报道，吸引了无数公众来到阳陵国家考古遗址公园欣赏银杏林美景，可见大众传媒的宣传对于提升阳陵国家考古遗址公园的知名度具有重要的作用。每年银杏树叶变黄的季节，都会吸引大量公众来此拍照留念，使得阳陵国家考古遗址公园成为名副其实的文化旅游打卡地。

6. 体现文化旅游开发新业态、新要素

深挖文化内涵，满足公众文化旅游的"吃、购、娱、悟、修、游"个性化需求，彰显更多考古遗址的展示元素，开发创意性的纪念品，如Q版的汉代陶俑纪念品、冰箱贴、挂件、明信片、书籍、书签等。此外，还可以在原有特色文化项目，如鹿鸣霜林、汉塬华宴、文物修复、模拟考古等基础上，补充更多新业态的展示项目。

同时，还可以考虑设立餐饮区、游客休息区、扩展旅游购物区，并完善游客服务中心的功能。现阶段，阳陵国家考古遗址公园虽有两处小型的游客服务中心，分别在考古陈列馆的对面和帝陵外藏坑保护展示厅外的广场上，但功能发挥不足，应借此完善游客服务中心的功能，配备咨询设施、宣传栏、休息设施。例如，配置专门的服务人员回答公众的咨询、投诉等；宣传栏应配有可供公众免费取阅的园区全景导览图、游程线路图、周边交通线路图等，还可配置可以触摸的电子音影设备；配置一定数量的舒适座椅及免费的饮用水供公众做短暂休息使用。除此之外，游客服务中心还需要增加供特殊公众使用

的代步工具（如轮椅、婴儿车等）的数量，提高人性化服务水平。

第二节 公众满意度量化分析

一、问卷调查与描述性统计分析

研究前期，作者曾在阳陵国家考古遗址公园进行过公众满意度的量化分析，共发放问卷 300 份，回收 293 份，回收率为 97.7%，剔除填写不完整、不规范、数据明显不真实的问卷（如前后矛盾、数据全部一致等），有效问卷 283 份，有效率为 94.3%，符合统计分析要求，样本描述分析如表 7-3 所示。

表 7-3 阳陵国家考古遗址公园调查问卷样本情况

个人背景资料	统计内容	人数/人	比例/%
性别	男	154	54.4
	女	129	45.6
年龄	18 岁及以下	27	9.5
	19～29 岁	123	43.5
	30～39 岁	63	22.2
	40～49 岁	46	16.3
	50～59 岁	16	5.7
	60 岁及以上	8	2.8
受教育程度	高中及以下	83	29.3
	大专	61	21.6
	本科	106	37.4
	硕士及以上	33	11.7
月收入	2000 元及以下	116	41.0
	2001～4000 元	71	25.1
	4001～6000 元	54	19.0
	6001～8000 元	16	5.7
	8000 元以上	26	9.2

续表

个人背景资料	统计内容	人数/人	比例/%
来自地区	西安	133	47.0
	陕西（西安除外）	56	19.8
	中国大陆（内地）（陕西除外）	77	27.2
	港澳台地区	13	4.6
	其他国家	4	1.4
职业	机关干部或公务员	17	6.0
	经理等中高层管理人员	22	7.8
	专业技术人员	35	12.4
	普通职员	31	11.0
	私营业主	17	6.0
	自由职业者	23	8.1
	学生	83	29.3
	离退休人员	8	2.8
	教师	18	6.4
	其他	29	10.2
出游方式	跟随旅游团	12	4.2
	单位组织	37	13.1
	会议组团	11	3.9
	自驾游	89	31.4
	旅友结伴	93	32.9
	其他	41	14.5
解说方式	随团导游	27	9.5
	阳陵讲解员	107	37.8
	志愿者	26	9.2
	景区导览设备	37	13.1
	其他	86	30.4

续表

个人背景资料	统计内容	人数/人	比例/%
旅游次数	1 次	214	75.6
	2 次	34	12.0
	3 次	8	2.8
	4 次及以上	27	9.6

二、调查数据分析

1. 统计描述分析：认知度分析

在对公众认知度的调查中，问卷题目 A1、A4、A5、A7、A8、A9 为多选题，A2、A3、A6、A10、A11 为单选题。多选题涉及主要冠称、了解途径、印象深刻的文化旅游项目、最吸引人的景点、最突出的功能、最希望体验的活动等方面，对调查结果进行计算（每个选项，选择计 1 分，不选计 0 分，分数越高代表越多人选择），如图 7-2～图 7-7 所示。

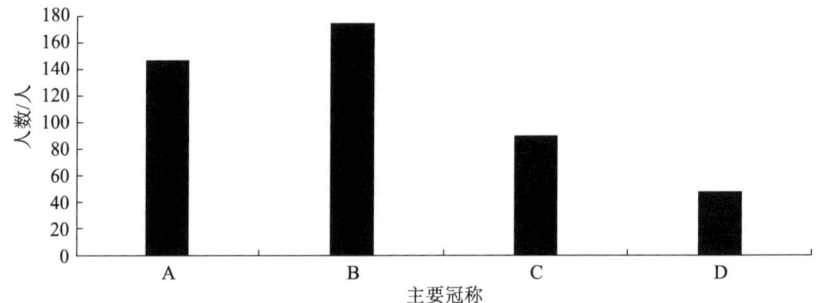

图 7-2　认知度分析 1：主要冠称
A：国家一级博物馆；B：国家考古遗址公园；C：4A 级旅游景区；D：全国科普教育基地

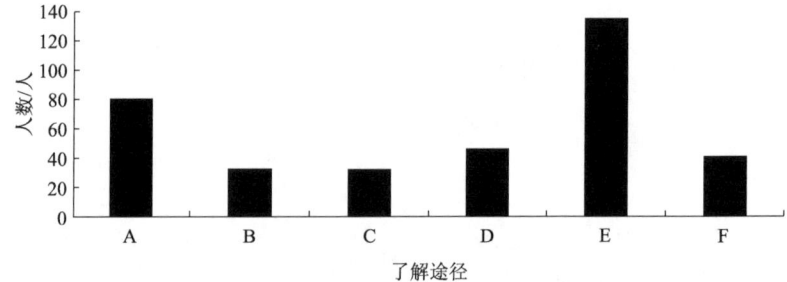

图 7-3　认知度分析 2：了解途径
A：网站；B：旅行社；C：杂志、报刊；D：电视广播；E：家人、朋友；F：其他

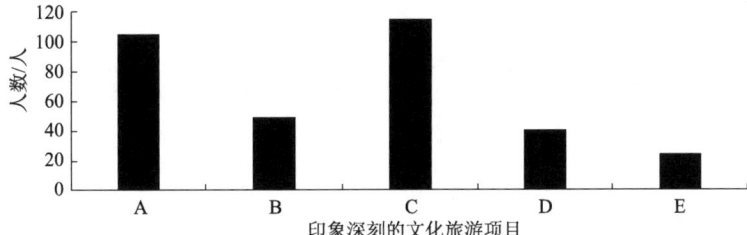

图 7-4 认知度分析 3：印象深刻的文化旅游项目
A：现场考古体验；B：汉服体验；C：汉代风俗展示；D：公园特色摄影；E：其他

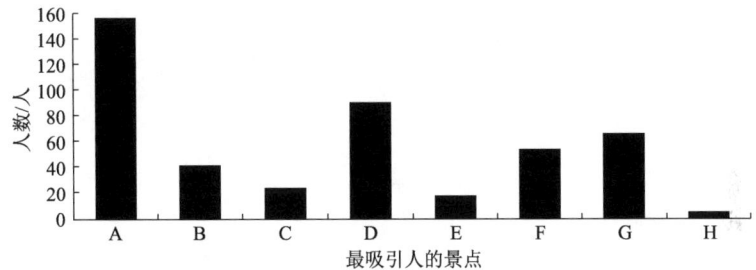

图 7-5 认知度分析 4：最吸引人的景点
A：帝陵外藏坑保护展示厅；B：南阙门遗址保护展示厅；C：罗经石；D：考古陈列馆；E：宗庙遗址；F：百亩月季花；G：幻影成像；H：其他

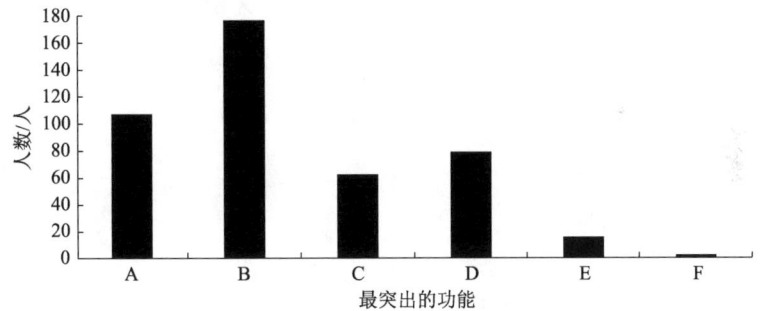

图 7-6 认知度分析 5：最突出的功能
A：科普教育；B：增长知识；C：游憩休闲；D：陶冶性情；E：实习基地；F：其他

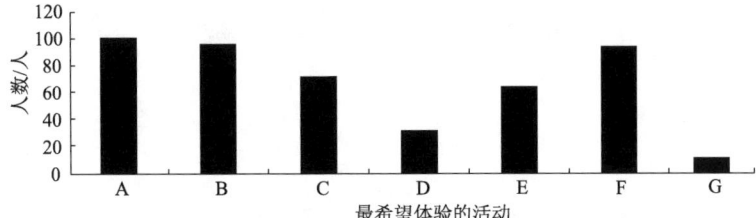

图 7-7 认知度分析 6：最希望体验的活动
A：模拟考古；B：汉服体验；C：博物馆志愿讲解；D：科普论坛讲座；E：陶器制作；F：汉文化礼俗活动参演；G：其他

综上分析可知，从主要冠称来看，选择"国家考古遗址公园"的最多，由此可知国家考古遗址公园的名称正在或已经被大众所接受；从了解途径来看，家人、朋友占比超过 1/3；从印象深刻的文化旅游项目来看，居首位的是汉代风俗展示，其次是现场考古体验；从最吸引人的景点来看，居首位的是帝陵外藏坑保护展示厅；从最突出的功能来看，居首位的是增长知识，这充分体现出国家考古遗址公园的科普教育功能；从最希望体验的活动来看，居首位的是模拟考古，其次是汉服体验和汉文化礼俗活动参演，这体现了公众对实践性较强的体验活动很青睐。

由表 7-4 分析可得出，公众游览完毕之后，认为阳陵国家考古遗址公园最突出的表现是博物馆和大遗址；35.3%的公众认为留下最深印象的是独一无二的帝陵外藏坑保护展示厅，33.9%的公众认为留下最深印象的是博大精深的汉文化。

表 7-4 认知度分析 1

最突出的表现	人数/人	比例/%	留下最深印象	人数/人	比例/%
博物馆	78	27.6	博大精深的汉文化	96	33.9
大遗址	77	27.2	美轮美奂的出土文物	43	15.2
考古展示	65	23.0	独一无二的帝陵外藏坑保护展示厅	100	35.3
遗址公园	34	12.0	秀丽宜人的园林风光	17	6.0
全国重点文物保护单位	29	10.2	特殊的展示方式	23	8.2
			其他	4	1.4

到阳陵国家考古遗址公园游览的公众，一般停留时间为 2 小时。调查结果显示，公众最希望阳陵国家考古遗址公园具备的文化活动是考古体验和定期历史表演；如果在阳陵国家考古遗址公园开展游憩类活动，公众最希望的项目是户外散步（表 7-5）。

表 7-5 认知度分析 2

停留时间	人数/人	比例/%	文化活动	人数/人	比例/%	游憩类活动	人数/人	比例/%
1.5 小时	48	17.0	科普活动	32	11.3	非竞技类运动	66	23.3

续表

停留时间	人数/人	比例/%	文化活动	人数/人	比例/%	游憩类活动	人数/人	比例/%
2小时	90	31.8	定期历史表演	96	33.9	娱乐	60	21.2
2.5小时	50	17.7	考古体验	97	34.3	户外散步	84	29.7
3小时	49	17.3	文物展示	42	14.8	游戏	19	6.7
大于3小时	46	16.2	休闲活动	11	3.9	美食体验	30	10.6
			其他	5	1.8	其他	24	8.5

2. 信度分析

在此，主要使用 SPSS 软件，采用 Alpha 分析模型中的 Cronbach 一致性系数 α 值对阳陵国家考古遗址公园的问卷调查进行信度分析。结果显示，总体信度系数为 0.949，说明调查研究中的数据具有较高的可信度，如表 7-6 所示。

表 7-6 阳陵国家考古遗址公园数据信度分析

量表项目	项数/项	α 值
旅游景观	17	0.933
基础设施及娱乐	5	0.825
总体	22	0.949

3. 因子分析

（1）KMO 检验和巴特利特球形检验

在对所获得的数据进行因子分析之前，需要进行 KMO 检验和巴特利特球形检验，其目的在于检测这些数据是否适合做因子分析，如表 7-7 所示。如果 KMO 的测度越接近 1，说明数据越适合做因子分析。如果 KMO 在 0.9 以上，代表 KMO 非常适合做因子分析；如果 KMO 在 0.8~0.9，代表很适合做因子分析；如果 KMO 在 0.7~0.8，代表适合做因子分析；如果 KMO 在 0.6~0.7，代表不太适合做因子分析；如果 KMO 在 0.5~0.6，代表很勉强做因子分析；如果 KMO 在 0 以下，代表极不适合做因子分析。

表 7-7　KMO 测度及巴特利特球形检验

项目		数值
KMO 测度值		0.959
巴特利特球形检验	近似卡方	7385.500
	自由度	210
	显著性	0.000

由表 7-7 可知，KMO 的测度值为 0.959，表明该样本数据非常适合做因子分析（大于 0.9）。巴特利特球形检验的显著性为 0.000，表明该样本数据适合做因子分析。

（2）因子分析结果

利用 SPSS 软件对影响满意度的 21 个成分（具体见附录主体问卷第二部分）进行因子分析，如表 7-8 所示。结果显示，前两项成分（大遗址的历史价值深厚、遗址公园科普氛围浓厚）的累计方差贡献率大于 70%，因此可以认为大遗址的历史价值深厚和遗址公园科普氛围浓厚两个成分是影响公众满意度的主要因素。

表 7-8　影响因素特征值及解释的总方差

成分	初始特征值			提取平方和载入			旋转平方和载入		
	合计	方差贡献率/%	累计方差贡献率/%	合计	方差贡献率/%	累计方差贡献率/%	合计	方差贡献率/%	累计方差贡献率/%
1	14.916	71.031	71.031	14.916	71.031	71.031	8.491	40.434	40.434
2	1.363	6.489	77.520	1.363	6.489	77.520	7.788	37.086	77.520
3	0.551	2.626	80.146						
4	0.531	2.531	82.677						
5	0.431	2.052	84.729						
6	0.390	1.857	86.586						
7	0.370	1.760	88.346						
8	0.301	1.433	89.779						
9	0.292	1.388	91.167						
10	0.267	1.271	92.438						
11	0.240	1.145	93.583						
12	0.233	1.111	94.694						

续表

成分	初始特征值			提取平方和载入			旋转平方和载入		
	合计	方差贡献率/%	累计方差贡献率/%	合计	方差贡献率/%	累计方差贡献率/%	合计	方差贡献率/%	累计方差贡献率/%
13	0.190	0.904	95.598						
14	0.180	0.857	96.455						
15	0.146	0.696	97.151						
16	0.132	0.629	97.780						
17	0.126	0.602	98.382						
18	0.101	0.480	98.862						
19	0.091	0.436	99.298						
20	0.083	0.394	99.692						
21	0.065	0.308	100.000						

第三节 游憩线路设计

一、设计目标

为了提升公众在国家考古遗址公园的文化旅游体验感知，实现游憩功能，游憩线路的设计显得非常重要，其中目标设计是首要考虑的。

1）以服务大众旅游为基本出发点，进一步组织和优化阳陵国家考古遗址公园的游憩线路，为公众的游览活动提供合理的时间和空间组织方案。

2）基于创建高品质旅游景区的要求，遵循游憩线路空间序列，完善游憩服务设施及标识系统，更好地引导和满足公众的游憩需求。

3）注重游憩线路节点的情景体验，进一步规范国家考古遗址公园阐释与解说的内容和形式，促进阳陵国家考古遗址公园文化旅游、户外教育功能的进一步发挥。

4）从时空序列安排的角度，对阳陵国家考古遗址公园游憩线路的运营和管理提出实施策略，充分利用赋存的园区游憩资源，确定游憩功能发挥的中远期建设目标，配合阳陵国家考古遗址公园运营管理规划方案，达到科学管理、提高效率的目的。

二、游憩线路策划

阳陵国家考古遗址公园的交通路线由公众游览路线、考古及保护工作路线、安全防护及服务路线组成。重点策划公众的游憩线路，依托线性特征，串联游憩活动，通过游憩教育活动或公众考古教育活动，在寓教于乐中塑造和提升公众的文化精神品味。因此，通过游憩线路的设计，可以丰富公众的游憩体验，且合理的游憩线路还可以活化文化遗产、调节流量，进而实现科学管理。

1. 游憩要素提取与分级

梳理阳陵国家考古遗址公园赋存的游憩资源，提取游憩要素，结合空间上分布的南北两个区及主轴线，划分出四种基本游憩类型：历史遗址型、文化体验型、自然生态型和游憩活动型。

2. 游憩线路组织策略

遵循游憩线路设计的四个基本原则，即文物干扰最小、旅游体验最佳、景观展示最优、服务管理高效，明确游憩线路组织策略。

1）尊重遗址公园格局，依托现状条件，形成闭合游憩环线。
2）串接高等级游憩要素，优化线路组合度。
3）冷热组合、强弱搭配，自然与人文要素有机融合。
4）因人而异，因时而异，创造多时空序列游憩线路，满足差异化需求。
5）增强游憩线路意境流设计，突出自身文化主题，丰富游憩体验。
6）完善游憩线路沿线服务设施和标识系统，建设规范化、高品质旅游景区。

3. 游憩线路策划思路

（1）环境意象

凯文·林奇（Kevin Lynch）提出形体环境要素主要包括道路、边界、区域、节点、标志物。阳陵国家考古遗址公园的游憩线路设计，应关注游憩节点、游赏线路、边缘界面、景区标志物、解说标识、游憩活动、服务设施等方面。

（2）游览体验

心理学研究显示，游览过程中每 20 分钟宜视觉集中或者激活一次，因此可以根据此种心理规律在游憩线路中安排视觉兴奋点或景观节点，进而形成景观序列，这也符合公众的体能和心理特点。

（3）交通方式

从公众安全与景区管理的角度出发，阳陵国家考古遗址公园内应禁止私家车、公交车等机动车辆出入和行驶，游览应采取观光电瓶车、旅游自助自行车和步行等多种方式，并设立相应站点相互接驳，方便公众根据自身时间安排转换使用。

（4）游览时间

根据游憩线路设计要求，通过实地测速，获取了公众在各景点的参观游览平均时间，该数据为理想的步行时间和参观时间。由于公众自身年龄阶段、社会经历、职业、受教育程度等社会属性，以及出游组织方式、预计出游时间的不同，其相应的游览需求具有一定的差异，如表 7-9 所示。

表 7-9　主要游览景点参观游览平均时间

景点名称	平均时间/分钟
东区陪葬墓	暂无
司马门道	20
皇后陵	5
帝陵	10
帝陵外藏坑保护展示厅	60
北区陪葬墓	暂无
南阙门遗址保护展示厅	15
银杏林	>30
宗庙遗址	10
考古陈列馆	45
汉文化广场	暂无

续表

景点名称	平均时间/分钟
陶艺馆	>60
考古体验中心	>40
月季园	>30

设计思路如下：从游憩主题、景观节点、游线走向、最优路径等因素出发，基于需求约束、时间约束和人群约束，策划出阳陵国家考古遗址公园"一主三副"的游憩线路。

（A线）主游憩线路（大众游憩）：

北区入口—皇后陵—帝陵—帝陵外藏坑保护展示厅—南阙门遗址保护展示厅—宗庙遗址—考古陈列馆—银杏林—南区出口。

（B线）副1游憩线路（主题游览）：

北区入口—司马门道西—皇后陵—帝陵—帝陵外藏坑保护展示厅—南阙门遗址保护展示厅—宗庙遗址—考古陈列馆—汉文化广场—陶艺馆—月季园—南区出口。

（C线）副2游憩线路（休闲游憩）：

北区入口—司马门道东—皇后陵—北区陪葬墓—帝陵—地下遗址博物馆—南阙门遗址保护展示厅—宗庙遗址—考古陈列馆—汉文化广场—陶艺馆—月季园—南区出口。

（D线）副3游憩线路（研学旅游）：

北区入口—司马门道东—皇后陵—北区陪葬墓—帝陵—地下遗址博物馆—南阙门遗址保护展示厅—宗庙遗址—考古陈列馆—汉文化广场—陶艺馆—考古体验中心—月季园—南区出口。

4. 游憩线路解读

主游憩线路按照阳陵国家考古遗址公园已有的遗址资源分布和已对外开放的景观，进行游览序列设计，涵盖阳陵国家考古遗址公园的空间游憩资源，能够满足游憩体验等要求。同时，还可以结合公众的心理感知，为公众提供一种触动视觉、听觉、心灵等的精神感召。此外，还在设计的游憩线路中融入了互动体验、亲和吸引、情景感悟、个性欢快的游憩教育活动。具体表现如下。

（1）张弛结合的游憩节奏

阳陵国家考古遗址公园现有的参观顺序，可以渗透阳陵国家考古遗址公园的核心景物，串联重要景观节点。从入口处开始，配合景物介绍牌，体会神道远眺的景致，再眺望帝陵和皇后陵，进入帝陵外藏坑保护展示厅（内部也有起承转合的游览节奏），接下来进入南阙门遗址保护展示厅，之后进入南区。整个线路的组织是借助内部交通连接游憩节点，有张有弛，通过空间序列的变化让公众体会浏览乐趣。公众可以根据自己的时间选择步行或自行车，漫游与慢游相结合，确定自己的游憩节奏。

（2）宾主互动的游憩教育

在三条副游憩线路中，主要设计了游憩教育活动，公众在饱览阳陵国家考古遗址公园人文景观和自然景观的同时，还可以参与汉文化特色突出的游憩教育活动和公众考古教育活动，感受特色景观。在目前已有的主题活动之外，还可以拓展主客互动的游憩主题教育活动。例如，开发闲适的游憩小品，如观鸟、猜谜、楹联、诗社、书院、风筝、踢毽、打拳、舞剑、品茗、国画、曲艺、管弦、戏曲、书法、金石、徒步走、自行车慢游等。

（3）主题鲜明的游憩体验

主题鲜明是阳陵国家考古遗址公园游憩线路的关键点，即确立鲜明的汉文化主题，这样可以形成丰富的游憩体验。国家特级导游毋建国归纳了阳陵国家考古遗址公园的十大汉文化主题，分别为天汉雄风、汉家陵阙、汉并天下、汉瓦艺韵、长乐未央、汉宫威仪、汉人风范、汉简隶书、汉镜春秋、汉印立规。

（4）种类丰富的游憩活动

游憩活动古已有之，随着时代的发展，游憩活动的种类也在不断丰富。在游憩设计线路中，可将游憩活动的复合型功能体现出来，从吃、住、行、游、购、娱的旅游六大要素到商、养、学、闲、奇、情，可以依托阳陵国家考古遗址公园现有的游憩设施，开展教育、休闲、娱乐、餐饮、观景等复合型游憩活动。

参 考 文 献

安托万·德·圣埃克苏佩里，2013. 小王子[M]. 李继宏，译. 天津：天津人民出版社.
北京零点公司，2008-11-07. 文化遗产，你离中国公众有多远——公众参与文化遗产保护意愿及状况调查[N]. 中国文物报遗产周刊，第5版.
卜琳，2012. 中国文化遗产展示体系研究[D]. 西安：西北大学博士学位论文.
蔡晴，2006. 基于地域的文化景观保护[D]. 南京：东南大学博士学位论文.
陈玛莉，2008. 大遗址文化旅游开发研究——以三星堆遗址为例[D]. 重庆：西南财经大学硕士学位论文.
陈楠，白凯，乔光辉，等，2008. 入境游客对中国传统文化旅游产品满意度的实证研究——以禅宗少林音乐大典为例[J]. 旅游学刊，23（6）：24-29.
陈曦，2012-08-17. "阐释"与"展示"概念的溯源与辨析[N]. 中国文物报，第7版.
陈曦，霍焱，2012. 城址类考古遗址公园价值核心的阐释与展示设计手法[J]. 中华建设，12：179-181.
陈心宇，2013-01-18. 大力发展文化体验旅游[N]. 西安日报，第7版.
程艳妮，2012. 从文化圣殿到民众乐园——汉阳陵公众考古活动的思考[J]. 文博，（6）：74-77.
丛宇，姚军，成斌，2012. 浅析我国考古遗址公园发展历程[J]. 安徽建筑，1：55-56，61.
崔光海，2008. 中国遗址博物馆建筑研究初探[D]. 北京：清华大学博士学位论文.
崔玉范，2007. 美国的公众考古教育——实现文化遗产保护目的的一个途径[J]. 南京社会科学，8：123-128.
戴斌，2019-04-11. "网红"只是文化遗产活起来的第一步[N]. 环球时报，第15版.
戴湘毅，唐承财，刘家明，等，2014. 中国遗产旅游的研究态势——基于核心期刊的文献计量分析[J]. 旅游学刊，29（11）：52-61.
德克·格莱泽，2004. 旅游业危机管理[M]. 安辉，译. 北京：中国旅游出版社.
董二为，2019. 美日韩国家公园如何开展游憩[J]. 中国林业产业，（Z1）：158-160.
杜金鹏，2010. 大遗址保护与考古遗址公园建设[J]. 东南文化，（1）：9-12.
段清波，张颖岚，2003. 秦始皇帝陵的外藏系统[J]. 考古，（11）：2，1027-1034.
冯晓琳，2012. 湖北省博物馆游客感知的调查分析研究[D]. 武汉：湖北大学硕士学位论文.

符全胜, 2004. 保护地游客满意度理论和满意度测度[J]. 绿色中国, (9): 51-53.

高洁, 刘宝森, 2013. 宋新潮: 中国博物馆从"曲高和寡"走向"包容开放"[EB/OL]. http://www.sach.gov.cn/sach_tabid_1477/tabid/1478/InfoID/39575/Default.html[2013-05-19].

葛承雍, 2010. 用世界遗产的标准看待唐大明宫遗址[J]. 中国文化遗产, (6): 8-9.

郭立新, 魏敏, 2006. 初论公众考古学[J]. 东南文化, (4): 55.

郭璇, 2009. 文化遗产展示的理念与方法初探[J]. 建筑学报, (9): 69-73.

国家文物局, 2007. 国际文化遗产保护文件选编[M]. 北京: 文物出版社.

国家文物局, 2018. 国家考古遗址公园创建及运行管理指南(试行)[EB/OL]. http://www.sach.gov.cn/art/2018/1/30/art_2302_42886.html[2019-10-30].

国土资源部地质环境司, 2007. 中国国家矿山公园建设工作指南[M]. 北京: 中国大地出版社.

杭侃, 2015. 更好的展示, 更好的考古遗址公园[J]. 世界遗产, 7: 21

杭侃, 2018. 文化遗产资源旅游活化与中国文化复兴[J]. 旅游学刊, 33(9): 5-6.

杭州良渚遗址管理区管理委员会, 2019-07-09. 构建大遗址综合阐释与展示体系, 讲好良渚五千多年文明故事[N]. 中国文物报, 第4版.

何昉, 千茜, 肖洁舒, 2012. 大象无形 大美无声 陕西秦始皇陵国家遗址公园规划设计浅析[J]. 风景园林, (2): 49-53.

何宗思, 2003. 中国人格病态批判[M]. 北京: 中国社会出版社.

和谷, 2005. 回到秦朝: 寻找中国男人最早的脸[J]. 中国国家地理, 535(5): 39.

贺昌全, 2005. 场所精神的保持与延续——成都春熙路商业步行街调查研究[J]. 四川建筑, (2): 7-8.

贺建谊, 2010. 杭州余杭良渚文化旅游研究——以良渚博物院为例[D]. 上海: 华东师范大学硕士学位论文.

贺艳, 2010. 一种新兴的规划类型: 国家考古遗址公园规划[A]//中国城市规划学会, 规划创新: 2010中国城市规划年会论文集. 重庆: 重庆出版社: 4041-4050.

侯兵, 黄震方, 徐海军, 2011. 文化旅游的空间形态研究——基于文化空间的综述与启示[J]. 旅游学刊, 26(3): 70-77.

侯卫东, 2012. "大明宫复原研究"浅议[J]. 建筑创作, (1): 72-81.

侯卫东, 2016. 遗址的生存抗争与公众认同——遗址公园在中国[J]. 遗产与保护研究, 1(1): 68-72.

胡畔, 2007. 遗址公园景观规划研究[D]. 西安: 西北大学硕士学位论文.

胡映东, 2007. 场所精神的回归[J]. 山西建筑, 33(18): 26-27.

桓占伟, 2007. 旅游文化及其主流研究反思——基于旅游文化概念的分析[J]. 人文地理, 4(4): 72-76.

黄可佳, 韩建业, 2014. 考古遗址的活态展示与公众参与——以德国杜佩遗址公园的展示和运营为例[J]. 东南文化, 239(3): 40-45.

黄沛, 陆雅婷, 2009. 基于消费结构升级的旅游产品创新[J]. 商业时代, (6): 38, 90.

黄平芳, 胡明文, 2008. 体验经济时代的文化旅游及其开发取向——以稻作文化的旅游开发为例[J]. 农村经济, (1): 68-70.

黄琼, 周剑虹, 2014. 大遗址阐释系统构建初步研究[J]. 江汉考古, 131 (2): 118-123.
黄晓帆, 2009. 历史拨动城市脉搏: 大遗址保护的遐思[J]. 地图, (6): 26-35.
黄洋, 2011-02-11. 做考古工作时要有展示意识——关于国家考古遗址公园建设的一些思考[N]. 中国文物报, 第 3 版.
贾鸿雁, 2013. 澳大利亚文化旅游发展及其启示[J]. 商业研究, (1): 195-199.
贾祥春, 1997. 旅游文化的特点及其在旅游业中的地位和作用[J]. 复旦学报 (社会科学版), (3): 83-87.
杰佛瑞·戈比, 2004. 你生命中的休闲[M]. 康筝, 译. 昆明: 云南人民出版社.
靳书芳, 王淑华, 2010. 近十年我国游客满意度研究述评[J]. 周口师范学院学报, 27 (6): 127-130.
科林·伦福儒, 保罗·巴恩, 2004. 考古学: 理论、方法与实践[M]. 中国社会科学院考古研究所, 译. 北京: 文物出版社.
兰思仁, 2004. 国家森林公园理论与实践[M]. 北京: 中国林业出版社.
雷新, 2011-06-14. 大明宫: "大遗址"保护的样板[N]. 人民政协报, 第 A03 版.
李爱民, 2010. 考古遗址公园在我国大遗址保护中的优势[J]. 社会科学家, (9): 96-98.
李春华, 2006-07-28. 吉野里公园给中国遗址博物馆建设的启示[N]. 中国文物报, 第 6 版.
李和平, 2006. 论历史环境中非物质形态遗产的保护[J]. 城市规划学刊, (2): 63-66.
李宏松, 2012-04-20. 国家考古遗址公园综合功能定位及相关比较思考[N]. 中国文物报, 第 8 版.
李华辰, 梁留科, 谢娟, 2007. 国家 5A 框架下遗产类景区 (点) 旅游解说系统研究——以洛阳龙门石窟为例[J]. 长春师范学院学报, (12): 60-63.
李俊, 2012. 博物馆旅游的 GM-TCD 开发模式研究——以大渡口博物馆旅游开发为例[D]. 重庆: 重庆师范大学硕士论文.
李库, 2013. 汉阳陵国家考古遗址公园——公众参与考古[J]. 中国文化遗产, (2): 16-19.
李连璞, 2008. 遗产型社区属性剥离与整合模式研究——历史文化名村: 文化旅游可持续发展[D]. 西安: 西北大学博士学位论文.
李先军, 2005. 解说系统在现代园林中的应用[J]. 蓝天园林, 31 (6): 3-6.
李永红, 赵鹏, 2001. 默语倾听, 兴然会应——在地段特征和场所精神中找寻答案[J]. 中国园林, (2): 29-32.
李云鹏, 黄超, 2015. 北京智慧旅游公共管理与服务建设现状与对策分析[J]. 城市管理与科技, 17 (1): 65-67.
李泽厚, 1983. 中国美学及其他[M]. 武汉: 武汉大学出版社.
李政, 余杰, 2005-11-04. 单霁翔局长对大遗址保护工作的六点建议[N]. 中国文物报, 第 1 版.
厉新建, 2004. 旅游产品特点、消费技术与景区解说系统[J]. 人文地理, (2): 43-46.
连品洁, 2012. 国家旅游局局长邵琪伟: 抓好智慧旅游工作提升游客满意度[EB/OL]. http://travel.people.com.cn/GB/17589677.html[2012-04-06].
联合国教科文组织世界遗产中心, 国际古迹遗址理事会, 国际文物保护与修复研究中心, 等, 2007. 国际文化遗产保护文件选编[R]. 北京: 文物出版社.
梁玉华, 杨爱军, 2006. 贵州天龙屯堡文化旅游可持续发展研究——兼论文化生态脆弱区旅游业的可持续发展[J]. 生态经济，（7）：119-122.

林刚，张小飞，2007. 文化旅游目的地营销研究——基于 IMC 营销模式的构建与分析[J]. 乐山师范学院学报，（10）：92-94.

林洪岱，2009-02-02. 国家公园制度在我国的战略可行性[N]. 中国旅游报，第 7 版.

林纪文，1995. 充分利用景点的科学价值[J]. 旅游学刊，10（6）：7-8.

林琴，2012. 考古遗址公园保护规划研究——以长沙铜官窑国家考古遗址公园为例[D]. 长沙：湖南师范大学硕士学位论文.

林永顺，2009-06-10. 埋藏在地下的商王朝——大型公众考古活动正式启程[N]. 安阳日报，第 1 版.

刘斌，2013-07-19. 从良渚遗址谈关于遗址公园建设的思考[N]. 中国文物报，第 5 版.

刘朝晖，2012. 文化旅游开发中的"人类学参与"[J]. 旅游学刊，27（10）：8-9.

刘锋，施祖麟，2002. 休闲经济的发展及其组织研究[J]. 中国发展，（2）：47-49.

刘改芳，杨威，2013. 基于 DEA 的文化旅游业投资效率模型及实证分析[J]. 旅游学刊，28（1）：77-84.

刘军民，2013-04-26. 考古遗址公园承担社会责任[N]. 中国社会科学报，第 A05 版.

刘克成，2009. 解说大明宫国家大遗址保护展示示范园区暨遗址公园总体规划[J]. 中国文化遗产，（4）：112-119.

刘克成，肖莉，2006. 汉阳陵帝陵外藏坑保护展示厅[J]. 建筑学报，（7）：68-70.

刘克成，肖莉，王璐，2012. 大明宫国家遗址公园：总体规划设计[J]. 建筑创作，（1）：28-43.

刘世锦，2012. 中国文化遗产事业发展报告（2012）[M]. 北京：社会科学文献出版社.

刘仕卿，孙瑞红，顾妍琼，2015. 美国 ranger 体系引入国家公园管理研究[J]. 中国旅游科学年会论文，4：233-242.

刘棠琳，2012-02-25. 台湾地区休闲农业：生态解说产销结合实现"突围"[N]. 海南农垦报，第 3 版.

刘修兵，2013-01-04. 推进大遗址保护工作健康发展——国家文物局规范考古遗址公园建设[N]. 中国文化报，第 1 版.

刘彦，2000. 城市生态设计理论与实践研究[D]. 南京：东南大学博士学位论文.

陆建松，2018. 如何讲好中国文物的故事——论中国文物故事传播体系建设[J]. 东南文化，（6）：117-122.

陆建松，朱峤，2012. 浅议遗址博物馆的功能及其展示传播学术支撑体系建设[J]. 园林，（4）：42-45.

露丝·陶斯，2012. 节日、创意城市和文化旅游经济学[J]. 艺术百家，（4）：48-57.

罗贝尔·朗卡尔，1997. 旅游和旅行社会学[M]. 陈立春，译. 北京：商务印书馆.

罗伯特·麦金托什，夏希肯特·格波特，1985. 旅游学：要素·实践·基本原理[M]. 蒲红，方宏，张华岩，等，译. 上海：上海文艺出版社.

罗芬，钟永德，李健，等，2005. 黄山园内旅游解说类型与有效性分析[J]. 旅游科学，（5）：37-41.

骆志平，2011. 铜官窑国家考古遗址公园建设项目可行性研究[D]. 长沙：中南大学硕士学位论文.

吕春华，2012-11-21. 怎样建设富有特色的考古遗址公园[N]. 中国文物报，第3版.
吕琳，周庆华，李榜晏，2012. 西安遗址公园空间演进与评述[J]. 风景园林，（2）：28-32.
吕正平，2012. 遗址风景——大明宫国家考古遗址公园的景观体验[J]. 园林，（4）：28-34.
马春华，2008. 洛阳文化旅游中的语言规划研究[J]. 河南社会科学，（16）：138-140.
马惠娣，2003. 游憩空间的功能及其意义——兼及北京什刹海历史文化生态区的开发与保护[EB/OL]. http://www.chineseleisure.org/lyxx/06030403.html[2003-10-16].
马惠娣，2004. 休闲：人类美丽的精神家园[M]. 北京：中国经济出版社.
马继贤，1994. 博物馆学通论[M]. 成都：四川大学出版社.
马丽艳，付建明，卢友月，等，2018. 南岭成矿带地质遗迹——国家地质公园[J].华南地质与矿产，34（3）：253-256.
马彦琳，2006. 如何推动中国式乡村旅游的发展[J].旅游学刊，21（3）：7-8.
马振涛，2019. 深化文旅融合发展守住遗产保护底线[EB/OL]. http://www.ccdy.cn/pinglun/201906/t20190605_1411539.htm[2019-06-05].
孟宪民，2007. 美国国家公园体系的管理经验——兼谈对中国风景区的启示[J]. 世界林业研究，（1）：75-79.
莫慧旋，2006-11-24. 发挥考古遗址博物馆的优势——拉近考古学与公众的距离[N]. 中国文物报，第6版.
牟红，刘聪，李玉臻，2010. 休闲空间理想形态探讨——重庆"嵌入种植"城乡休闲共生体布局研究[A]//中国区域科学协会区域旅游开发专业委员会，第十五届全国区域旅游学术开发研讨会暨度假旅游论坛论文集. 成都：四川大学出版社：67-72.
南京博物院，江苏省考古研究所，无锡市锡山区文物管理委员会，2010. 邱承墩——太湖流域西北部新石器时代遗址发掘报告[R]. 北京：科学出版社.
倪明涛，2009. 再现盛唐"大明宫"遗址保护展新姿——西安大明宫遗址保护展示示范园区建设理念与实务综述[J]. 今日中国论坛，（4）：51-53.
诺伯舒兹，2010. 场所精神：迈向建筑现象学[M]. 施植明，译. 武汉：华中科技大学出版社.
彭历，2011. 北京城市遗址公园研究[D]. 北京：北京林业大学博士学位论文.
彭文喜，2011. 凤凰历史文化名城文化旅游发展研究[D]. 西安：陕西师范大学硕士学位论文.
钱春弦，2011. 邵琪伟：我国将用10年时间初步实现"智慧旅游"[EB/OL]. http://www.gov.cn/jrzg/2011-07/12/content_1905019.htm[2011-07-12].
覃业银，2009. "原真性估值法"是遗产旅游价值评估的有效方法——以长沙马王堆汉墓为例[J]. 中国经贸导刊，（14）：77-78.
邱建，张毅，2013. 国家考古遗址公园及其植物景观设计：以金沙遗址为例[J]. 中国园林，29（4）：13-17.
全国导游资格考试统编教材专家编写组，2019. 导游业务（第四版）[M]. 北京：中国旅游出版社.
权标，白童，王希，等，2011. 遗址文化旅游消费者群体细分与文化产业发展策略建议[J]. 西北工业大学学报（社会科学版），（3）：14-18.
冉淑青，裴成荣，张馨，2013. 国内外大遗址保护的经验借鉴与启示[J]. 人文杂志，（4）：

45-48.

冉运岚, 2013. 负责任旅游的网络信息研究[D]. 上海：上海师范大学硕士学位论文.

单霁翔, 2009. 让大遗址保护助推经济社会发展[J]. 中国文化遗产, (4)：12-14.

单霁翔, 2010a. 大型考古遗址公园的探索与实践[J]. 中国文物科学研究, (1)：2-12.

单霁翔, 2010b. 博物馆的社会责任与社会教育[J]. 东南论坛, (6)：9-16.

单霁翔, 2010c. 从"馆舍天地"走向"大千世界"——关于广义博物馆的思考[J]. 国际博物馆, (3)：69-75.

单霁翔, 2010d. 留住城市文化的"根"与"魂"——中国文化遗产保护的探索与实践[M]. 北京：科学出版社.

单霁翔, 2010e. 文化景观遗产保护的相关理论探索[J]. 南方文物, (1)：1-12.

单霁翔, 2010f. 文化遗产保护理论和实践的创新[J]. 建筑创作, (1)：16-17.

单霁翔, 2010g. 携手共创大遗址保护的美好明天[J]. 中国文化遗产, (6)：6, 50-51.

单霁翔, 2011. 实现考古遗址保护与展示的遗址博物馆[J]. 博物馆研究, 113（1）：3-26.

单霁翔, 2012-03-29. 考古遗址公园：让城市发展与文物保护两全其美[N]. 经济日报, 第11版.

单霁翔, 2013. 博物馆市场营销是一把"双刃剑"[J]. 故宫博物院院刊, 168（4）：6-19.

单霁翔, 2015. 新视野·文化遗产保护论丛（第一辑）大型考古遗址保护[M]. 天津：天津大学出版社.

邵国军, 2013-02-20. 旅游解说系统的规划设计[N]. 中国旅游报, 第11版.

邵军, 2007-07-02. 英国最大的公众考古项目——可移动文物计划概述[N]. 中国文物报, 第7版.

申文喜, 郭慧丽, 2013. 试论殷墟考古遗址公园建设与文化遗产的传承创新[J]. 安阳工学院学报, 12（1）：37-39, 67.

盛春寿, 2011. 北庭故城国家考古遗址公园建设的思考[J]. 新疆大学学报（哲学·人文社会科学版）, (1)：81-83.

师炜, 2009-03-27. 把遗址公园建成经典 扩大西安文化影响力[N]. 西安日报, 第1版.

石美玉, 孙梦阳, 2010. 非物质遗产旅游利用中的三大环节探论——以北京为节点的实证研究[J]. 旅游学刊, 25（6）：50-56.

宋志刚, 谢蕾蕾, 何旭洪, 2008. SPSS 16 实用教程[M]. 北京：人民邮电出版社.

苏燕, 2012. 大明宫遗址公园展示解说系统浅析[D]. 西安：西北大学硕士学位论文.

粟海军, 2012. 关系营销策略、关系质量与旅游者忠诚关系研究[J]. 四川师范大学学报（社会科学版）, 39（4）：141-150.

孙燕, 2010. 文化遗产诠释与展示的国际理念和规范——从"适用于考古发掘"到"遗产地诠释与展示"[J]. 东南文化, (6)：23-26.

孙燕, 2012. 美国国家公园解说的兴起及启示[J]. 中国园林, 28（6）：110-112.

唐鸣镝, 2006. 景区旅游解说系统的构建[J]. 旅游学刊, 21（1）：64-68.

唐顺英, 2013. 近十年中国旅游类博士学位论文分析与展望[J]. 旅游学刊, 28（3）：106-113.

陶伟, 杜小芳, 洪艳, 2009. 解说：一种重要的遗产保护策略[J]. 旅游学刊, 24（8）：47-52.

田传茂, 2010. 以湖北三国景点为例谈文化旅游翻译[J]. 中国科技翻译, 23（3）：42-44.

田静, 2017. 遗产地讲解培训研究——以秦陵博物院为例[M]. 西安：陕西人民出版社.
汪侠, 刘泽华, 张洪, 2010. 游客满意度研究综述与展望[J]. 北京第二外国语学院学报, （1）：22-29.
王保平, 2010. 论北方黄土地区大遗址的保护与展示——以汉阳陵博物馆为例[J]. 四川文物, （5）：107-114.
王朝闻, 1981. 美学概论[M]. 北京：人民出版社.
王京传, 2018. 美国国家历史公园建设及对中国的启示[J]. 北京社会科学, （1）：119-128.
王婧, 2010. 城市空间沟通文化性研究[D]. 哈尔滨：哈尔滨工业大学博士学位论文.
王珏, 2009. 人居环境视野中的游憩理论与发展战略研究[M]. 北京：中国建筑工业出版社.
王军, 2009. 遗址公园模式在城市遗址保护中的应用研究——以唐大明宫遗址公园为例[J]. 现代城市研究, （9）：50-57.
王柯平, 2006. 美之旅[M]. 南京：南京出版社.
王蕾, 苏杨, 2012a. 从美国国家公园管理体系看中国国家公园的发展（上）[J]. 大自然, （5）：14-17.
王蕾, 苏杨, 2012b. 从美国国家公园管理体系看中国国家公园的发展（下）[J]. 大自然, （6）：23-24.
王丽, 2013. 国外公共旅游资源管理经验对我国风景名胜区的启示——以美国国家公园为例[J]. 无锡商业职业技术学院学报, 13（1）：30-33, 58.
王亮, 2011. 基于旅游价值与旅游体验的遗产旅游开发研究[D]. 西安：陕西师范大学硕士学位论文.
王璐, 刘克成, 2016. 中国考古遗址公园中遗址展示的问题与原则[J]. 建筑学报, （10）：10-13.
王明霞, 邓婷, 2013. 体验经济视角下文化旅游产品开发模式研究[J]. 商业时代, （4）：124-125.
王明星, 2008. 文化旅游：经营·体验·方式[M]. 天津：南开大学出版社.
王宁, 2001. 消费社会学[M]. 北京：社会科学文献出版社.
王茜, 2016. 基于阐释与展示概念下的考古遗址公园展示设计[J]. 乡村科技, （6）：64-65.
王守功, 2012-09-28. 考古工作在考古遗址公园建设中的作用[N]. 中国文物报, 第3版.
王巍, 2008. 保护好大遗址是考古工作者义不容辞的责任——在中国大遗址保护研讨会开幕式上的讲话[J]. 考古, （1）：14-17.
王文慧, 2007. 浅析体验经济时代的旅游产品创新[J]. 经济师, （2）：232-233.
王晓华, 马耀峰, 李天顺, 2009. 基于经济社会环境和谐发展的旅游学科核心体系的思考[J]. 旅游学刊, 24（8）：17-23.
王新文, 2013. 考古遗址公园三论[J]. 东南文化, （3）：19-25.
王新文, 刘克成, 王晓敏, 2012. 基于保护的考古遗址公园旅游产品设计初探[J]. 西北大学学报（自然科学版）, 42（4）：658-662.
王星光, 贾兵强, 2008. 国外历史文化遗产保护机制及其对我国的启示[J]. 广西民族研究, （1）：178-185.
王秀梅, 2016. 诗经[M]. 北京：中华书局.
王学峰, 2002. 旅游产品创新的基本问题探析[J]. 山东师范大学学报（自然科学版）,

17（4）：58-61.
王艳平，2008. 遗产旅游管理[M]. 武汉：武汉大学出版社.
王一兵，2006. 基于随机效用模型的黄金周旅游需求分析[J]. 统计与决策，（12）：59-61.
王毅，2011. 物联网在金沙国家考古遗址公园运用的思考[J]. 文物保护与考古科学，（3）：89-95.
王永生，2005. 对矿山公园建设相关问题的探讨[J]. 国土资源，（2）：21.
王媛媛，2013a. 地区形象塑造中的旅游解说系统建设[J]. 中国集体经济，（7）：118-119.
王媛媛，2013b. 基于场所理论下的阳陵国家考古遗址公园文化旅游研究[D]. 西安：长安大学硕士学位论文.
王兆峰，黄喜林，2010. 文化旅游创意产业发展的动力机制与对策研究[J]. 山东社会科学，（9）：118-122.
王子今，2005. 汉朝——留给我们什么[J]. 中国国家地理，535（5）：88-103.
维克托·迈尔·舍恩伯格，肯尼思·库克耶，2013. 大数据时代[M]. 盛杨燕，周涛，译. 杭州：浙江人民出版社.
魏小安，魏诗华，2004. 旅游情景规划与项目体验设计[J]. 旅游学刊，（19）：38-44.
乌永志，2010. 文化遗产型景区双语解说问题与探讨——以西安为例[J]. 人文地理，25（6）：135-138.
乌永志，2012a. 文化遗产旅游解说与翻译：评述与启示[J]. 地域研究与开发，31（3）：93-97.
乌永志，2012b. 文化遗产类旅游景点名称汉英翻译规范研究[J]. 外语教学，（2）：93-97.
吴必虎，2001. 区域旅游规划原理[M]. 北京：中国旅游出版社.
吴必虎，金华，1999. 旅游解说系统的规划和管理[J]. 旅游学刊，（1）：44-46.
吴必虎，刘筱娟，2004. 中国景观史[M]. 上海：上海人民出版社.
吴必虎，高向平，邓冰，2003. 国内外环境解说研究综述[J]. 地理科学进展，（3）：226-234.
吴承照，1998. 现代城市游憩规划设计理论与方法——城市规划学博士论丛[M]. 北京：中国建筑工业出版社.
吴芙蓉，丁敏，2003. 文化旅游——体现旅游业双重属性的一种旅游形态[J]. 现代经济探讨，（7）：67-69.
吴建南，张萌，黄加伟，2007. 基于 ACSI 的公众满意度测评模型与指标体系研究[J]. 广州大学学报（社会科学版），6（1）：13-17.
吴良镛，2001. 人居环境科学导论[M]. 北京：中国建筑工业出版社.
吴淑琴，石晓冬，2000. 用城市规划手段保护圆明园遗址——从《圆明园遗址公园规划》的编制谈起[J]. 北京规划建设，（6）：12-14.
吴扬，李小龙，2009. 拆·留之间——唐大明宫遗址公园近现代遗存研究[A]//中国城市规划学会. 城市规划和科学发展——2009 中国城市规划年会论文集. 天津：天津科学技术出版社：2988-2997.
吴永琪，1999. 遗址博物馆学概论[M]. 西安：陕西人民出版社.
吴忠宏，1987. 解说对动物保育的重要性[J]. 台湾社教杂志，245（12）：1-6.
席岳婷，2006. 西部名城旅游开发 ASEB-SWOT 矩阵分析法的应用[J]. 甘肃理论学刊，（4）：74-77.

席岳婷,赵荣,2012. 基于文化创意产业的文化遗产保护与旅游开发[J]. 长安大学学报(社会科学版),14(2):73-77.

席岳婷,赵荣,2013. 场所精神下文化遗产保护与游憩体系耦合研究[J]. 西北大学学报(自然科学版),43(2):314-318.

夏晓伟,2011. 考古与遗址公园——国家考古遗址公园建设中的两个定位[J]. 东南文化,(1):23-26.

肖莉,2010. 让城市守护历史 让历史守望未来 大遗址保护与考古遗址公园建设[J]. 中国文化遗产,(1):6,32-45.

谢彦君,2004. 基础旅游学(第二版)[M]. 北京:中国旅游出版社.

徐德煜,2012. 浅谈考古遗址公园文化展示[J]. 黑龙江史志,(21):41-42.

徐菊凤,2005. 旅游文化与文化旅游:理论与实践的若干问题[J]. 旅游学刊,(4):67-72.

徐秀丽,2019. 《如果国宝会说话》荣获"五个一工程"特别奖[EB/OL]. http://www.cssn.cn/kgx/kgdt/201908/t20190823_4961451.shtml[2019-11-16].

许凡,张谨,刘硕,等,2008. 史前遗址的展示——以日本吉野里国家历史公园为例[J]. 小城镇建设,(6):63-69.

薛熙明,覃璇,唐雪琼,2012. 旅游对恩施土家族居民族认同感的影响——基于个人生活史的视角[J]. 旅游学刊,3(27):27-35.

薛莹,田银生,2007. 闲暇、休闲、游憩、旅游之论[J]. 经济地理,(5):826-829.

颜宗岳,2012. 大汉帝国之汉景帝地下王国[M]. 西安:陕西旅游出版社.

阳文锐,何永,2010. 基于共轭生态理论的低碳城市规划策略[A]//秦皇岛市人民政府,中国城市科学研究会,河北省住房和城乡建设厅,2010 城市发展与规划国际大会论文集. 北京:中国城市出版社:278-285.

杨昌鸣,李旋,李湘桔,2013. 直接展现与间接再现——国家考古遗址公园城墙遗址展示模式的比较[J]. 中国园林,29(5):85-89.

杨伟岗,2012. 大明宫国家遗址公园绿地景观提升的研究与实践[D]. 杨凌:西北农林科技大学硕士学位论文.

杨小萍,孙伟,2007. 历史街区步行商业街场所精神的塑造[J]. 山西建筑,(20):32-34.

姚世卿,2012. 遗址公园解说系统构建研究——以邯郸赵王城遗址公园为例[D]. 武汉:中南民族大学硕士学位论文.

阴法鲁,许树安,刘玉才,2008. 中国古代文化史[M]. 北京:北京大学出版社.

应岱筠,2012. 遗址公园遗址景观评价研究——以大明宫遗址公园为例[D]. 西安:西北大学硕士学位论文.

于德珍,李核隆,2004. 浅谈森林公园的旅游解说系统[J]. 湖南林业科技,31(6):81-82.

余秋雨,2012. 何谓文化[M]. 武汉:长江文艺出版社.

俞锋,2006. 唐大明宫遗址公园可行性研究[D]. 西安:西安建筑科技大学硕士学位论文.

喻学才,2004. 旅游文化研究二十年[J]. 东南大学学报(哲学社会科学版),6(1):63-70.

约翰·A. 维佛卡,2008. 旅游解说总体规划[M]. 郭毓洁,吴必虎,于萍,译. 北京:中国旅游出版社.

张朝枝,保继刚,2004. 国外遗产旅游与遗产管理研究——综述与启示[J]. 旅游科学,(4):7-16.

张成渝, 2012. 遗产解说与展示：对《艾兰姆宪章》的释读[J]. 同济大学学报（社会科学版），23（3）：31-40.

张关心, 2011. 大遗址保护与考古遗址公园建设初探——以大明宫遗址保护为例[J]. 东南文化，（1）：27-31.

张广瑞, 2019. 2019 中国旅游科学年会|张广瑞：关于文化与旅游融合的理性思考[EB/OL]. http://www.sohu.com/a/312613511_124717[2019-05-08].

张国超, 谭元敏, 2013. 楚纪南故城国家考古遗址公园建设的前瞻性思考[J]. 湖北理工学院学报（人文社会科学版），（2）：5-8.

张建忠, 孙根年, 2012. 遗址公园：文化遗产体验旅游开发的新业态——以西安三大遗址公园为例[J]. 人文地理，123（1）：142-146.

张林鹏, 吕正平, 2012. 考古遗址公园遗产解说展示体系探索——以大明宫国家考古遗址公园为例[J]. 丝绸之路，（14）：60-62.

张林鹏, 王新文, 2010. 大明宫国家遗址公园遗产旅游可持续发展初探[J]. 丝绸之路，（24）：101-106.

张凌云, 黎巎, 刘敏, 2012. 智慧旅游的基本概念与理论体系[J]. 旅游学刊，27（5）：66-73.

张明珠, 卢松, 刘彭和, 等, 2008. 国内外旅游解说系统研究述评[J]. 旅游学刊，（1）：91-96.

张男, 2004. 遗址博物馆建筑研究——"区外"模式遗址博物馆建筑设计初探[D]. 天津：天津大学硕士学位论文.

张松, 王骏, 2008. 我们的遗产，我们的未来[M]. 上海：同济大学出版社.

张晓明, 张辉, 2010. 文化旅游深度开发刍议[J]. 前沿，267（13）：94-97.

张艳, 王娟, 王朝中, 2013. 大遗址公园对城市文化艺术建设的影响——以西安大明宫国家遗址公园为例[J]. 大众文艺，（16）：267-269.

张颖岚, 2001. 秦陵百戏俑艺术风格初探[A]//秦文化研究会, 秦都咸阳与秦文化研究——秦文化学术研讨会论文集. 西安：陕西人民出版社：647-657.

张颖岚, 2008a. 大英博物馆"秦始皇：中国兵马俑"展览的启示与借鉴[J]. 文博，（3）：65-69.

张颖岚, 2008b. 秦始皇帝陵文化遗产地资源管理相关问题研究[J]. 西安电子科技大学学报（社会科学版），18（4）：163-166.

张忠培, 2010. 关于建设国家考古遗址公园的一些意见——在"2009 大遗址保护良渚论坛"上的发言[J]. 东南文化，（1）：6-8.

张子凯, 2007. 列斐伏尔《空间的生产》述评[J]. 江苏大学学报（社会科学版），9（5）：10-14.

赵海荣, 2010. 基于场所理论的历史地段 RBD 建设研究——以成都锦里为例[J]. 四川建筑，30（6）：20-22.

赵昆, 2011. 秦始皇帝陵文化遗产安全影响因素及价值传播分析[J]. 文物保护与考古科学，23（3）：79-83.

赵荣, 2005. 陕西大遗址的保护[J]. 文博，（4）：6-8.

赵荣, 2009a. 陕西省大遗址保护新理念的探索与实践[J]. 考古与文物，（2）：3-7, 70.

赵荣, 2009b. 有效保护 科学展示 传承文化 服务社会——陕西省大遗址保护新理念的探索与实践[J]. 中国文化遗产, （4）: 22-25.

赵卫民, 2013-07-29. 遗址保护如何突破狭隘经济模式[N]. 中国经济时报, 第10版.

赵文斌, 2009. 场所的回归——鸿山遗址公园博物馆景区景观设计[A]//中国风景园林学会, 中国风景园林学会2009年会论文集. 北京: 中国建筑工业出版社: 234-238.

赵文斌, 2012. 国家考古遗址公园规划设计模式研究[D]. 北京: 北京林业大学博士学位论文.

赵小芸, 2004. 旅游投资在西部旅游扶贫中的效用分析[J]. 旅游学刊, （1）: 16-20.

甄莎, 高伟明, 张忠慧, 2018. 中国国家矿山公园现状研究[J]. 中国矿业, 27(11): 11-17.

郑海燕, 徐红罡, 戴光全, 2003. 构建旅游目的地的文化旅游产品结构体系——以苏州为例[J]. 人文地理, （2）: 55-59.

郑四渭, 贝勇斌, 2009. 国外城市文化旅游研究: 基于旅游吸引力视角的一个文献综述[J]. 旅游论坛, （1）: 136-139.

郑杨, 1998. 城市旅游休闲服务网络的建设——美国旅游咨询服务的考察与思考[J]. 旅游学刊, 13（2）: 33-36.

郑媛, 2010. 公众考古学在文化遗产保护中的应用[D]. 太原: 山西大学硕士学位论文.

中国大百科全书出版社编辑部, 2011. 中国大百科全书（简明版）[M]. 北京: 中国大百科全书出版社.

朱竑, 2018. 年会|朱竑: 新时代中国旅游发展及其理论思考——基于"地方"的视角[EB/OL]. http://www.sohu.com/a/270707008_727197[2019-09-30].

朱桃杏, 陆林, 2005. 近10年文化旅游研究进展——《Tourism Management》、《Annals of Tourism Research》和《旅游学刊》研究评述[J]. 旅游学刊, （6）: 82-88.

朱晓渭, 2011a. 国外经验对陕西考古遗址公园建设的启示[J]. 江汉考古, （2）: 119-122.

朱晓渭, 2011b. 考古遗址公园文化展示问题探讨[J]. 理论导刊, （4）: 86-87, 90.

朱晓渭, 2011c. 西安遗址公园中构建古典园林的探讨——以仿唐园林艺术为例[J]. 农业考古, （1）: 273-275, 300.

邹明水, 2011. 大遗址公园建设: 还须慎行[J]. 中华建设, （2）: 36-37.

邹统钎, 2005. 旅游危机管理[M]. 北京: 北京大学出版社.

左美丽, 2012. 从唐城墙遗址公园的保护与开发现状看文化文物产业在陕西的发展[J]. 旅游纵览（下半月）, （8）: 77-78, 80.

B. 约瑟夫·派恩, 詹姆斯·H. 吉尔摩, 2002. 体验经济[M]. 夏业良, 鲁炜, 等, 译. 北京: 机械工业出版社.

McKercher B, Cross H, 2006. 文化旅游与文化遗产管理[M]. 朱路平, 译. 天津: 南开大学出版社.

Moore R L, Driver B L, 2012. 户外游憩: 自然资源游憩机会的供给与管理[M]. 李健, 译. 天津: 南开大学出版社.

Aaker D A, McLoughlin D, 1998. Strategic Market Management(4th)[M]. Brisbane: John Wiley and Sons.

Addo E, 2011. European heritage and cultural diversity: the bricks and mortar of Ghana's tourism industry[J]. Journal of Contemporary African Studies, 29 (4): 405-425.

Beck L, Cable T T, 2002. Interpretation for the 21st Century: Fifteen Guiding Principles for Interpreting Nature and Culture(2nd)[M]. Champaign: Sagamore Publishing.

Bescules A, Lee M E, McCormick P J, 2002. Residents' perceptions of the cultural benefits of tourism[J].Annals of Tourism Research, 29(2): 303-319.

Boniface B, Cooper C, Cooper R, 1999. The Geography of Travel and Tourism[M]. Oxford: Elsevier Butterworth-Heinemann.

Boswell R, O'Kane D, 2011. Introduction: heritage management and tourism in Africa[J]. Journal of Contemporary African Studies, 29(4): 361-369.

Boyd S, 2002. Cultural and heritage in Canada: opportunities, principles and challenges[J]. Tourism and Hospitality Research, (3): 211-233.

Chaminuka P, Groeneveld R A, Selomane A O, et al., 2012. Tourist preferences for ecotourism in rural communities adjacent to Kruger National Park: a choice experiment approach[J]. Tourism Management, 33 (1): 168-176.

Chang L Y, Liu W N, 2008. Temple fairs in Taiwan: environmental strategies and competitive advantage for cultural tourism[J]. Tourism Management, 30 (6): 900-904.

Chhabra D, Healy R, Sills E, 2003. Staged authenticity and heritage tourism[J]. Annals of Tourism Research, 30(3): 702-719.

Clark I D, 2009. Naming sites: names as management tools in indigenous tourism sites—an Australian case study[J]. Tourism Management, 30 (1): 109-111.

Connell J, Page S J, 2008. Exploring the spatial patterns of car-based tourist travel in Loch Lomond and Trossachs National Park, Scotland[J]. Tourism Management, 29(3): 561-580.

Daniel Y P, 1996.Tourism dance performances authenticity and creativity[J]. Annals of Tourism Research, 23(4): 780-797.

Edson Q, Dean D, 1994.The Handbook for Museums[M]. London: Routledge.

Evans M R, Chon K S, 1989. Fomulating and evaluating tourism policy using importance-perform analysis[J]. Hospitality Education and Research Journal, 13(1): 203-213.

Figini P, Vici L, 2011.Off-season tourists and the cultural offer of a mass-tourism destination: the case of Rimini[J]. Tourism Management, 33(4): 825-839.

Fyalla A, Garrod B, 1998. Heritage tourism: at what price?[J]. Managing Leisure, 3(4): 213-228.

George R, 2010.Visitor perceptions of crime-safety and attitudes towards risk: the case of Table Mountain National Park, Cape Town[J]. Tourism Management, 31 (6): 806-815.

Guttentag D A, 2010.Virtual reality: applications and implications for tourism[J]. Tourism Management, 31 (5): 637-651.

Haas G, Wakefield T, 1998. National parks and the American public: a national public opinion survey on the national system[A].Washington D C: National Parks and Conservation Association.

Herbert D T, 1996. Artistic and literary places in France tourist attractions[J]. Tourism Management, 17(2): 77-85.

Herbert D T, Prentice R C, Thomas C J, 1989. Heritage Sites: Strategies for Marketing and

Development[M]. Aldershot: Avebury.

Iorio M, Wall G, 2012. Behind the masks: tourism and community in Sardinia[J]. Tourism Management, 33 (6): 1440-1449.

Jimura T, 2011. The impact of world heritage site designation on local communities—a case study of Ogimachi, Shirakawa-mura, Japan[J]. Tourism Management, 32(2): 288-296.

Kang D S, Mastin T, 2008. How cultural difference affects international tourism public relational websites: a comparative analysis using Hofstede's cultural dimensions[J]. Public Relations Review, 34(1): 54-56.

Kang M, Gretzel U, 2012. Effects of podcast tours on tourist experiences in a national park[J]. Tourism Management, 33 (2): 440-455.

Kim H, Cheng C K, O'Leary J T, 2007. Understanding participation patterns and trends in tourism cultural attractions[J]. Tourism Management, 28 (5): 1366-1371.

Li M M, Wu B H, Cai L P, 2008. Tourism development of World Heritage Sites in China: a geographic perspective[J]. Tourism Management, 29 (2): 308-319.

Lin T P, 2010. Carbon dioxide emissions from transport in Taiwan's national parks[J]. Tourism Management, 31 (2): 285-290.

Loulanski T, Loulanski V, 2011. The sustainable integration of cultural heritage and tourism: a meta-study[J]. Journal of Sustainable Tourism, 19 (7): 837-862.

Lynch M F, Duinker P N, Sheehan L R, et al., 2011. The demand for Mi'kmaw cultural tourism: tourist perspectives[J]. Tourism Management, 32 (5): 977-986.

Ma X L, Ryan C, Bao J G, 2009. Chinese national parks: differences, resource use and tourism product portfolios[J]. Tourism Management, 30 (1): 21-30.

MacCannell D, 1973. Staged authenticity: arrangements of social space in tourist settings[J]. American Journal of Sociology, 79(3): 589-603.

Mason K, 2004. Sound and meaning in aboriginal tourism[J]. Annals of Tourism Research, 31(4): 837-854.

Massara F, Severino F, 2013. Psychological distance in the heritage experience[J]. Annals of Tourism Research, 42 (7): 108-129.

McKercher B, Ho P S Y, Cros H D, 2004. Attributes of popular cultural attractions in Hong Kong[J]. Annals of Tourism Research, 31(2): 393-407.

Mills E, 1920. The Adventures of a Nature Guide[M]. New York: Doubleday, Page&Company.

Mowatt R A, Chancellor C H, 2011. Visiting death and life: dark tourism and slave castles[J]. Annals of Tourism Research, 38 (4): 1410-1434.

Nuryanti W, 1996. Heritage and postmodern tourism[J]. Annals of Tourism Research, 23(2): 249-260.

Palmer C, 1999. Tourism and the symbols of identity[J]. Tourism Management, 20(3): 313-322.

Park J, Ellis G D, Kim S S, et al., 2010. An investigation of perceptions of social equity and price acceptability judgments for campers in the U.S. national forest[J]. Tourism Management, 31 (2): 202-212.

Pitchford S R, 1995. Ethnic tourism and nationalism in Wales[J]. Annals of Tourism Research, 22(1): 35-52.

Poria Y, Reichel A, Biran A, 2006. Heritage site management: motivations and expectations[J]. Annals of Tourism Research, 33 (1): 162-178.

Ramsey D, Everitt J, 2007. If you dig it, they will come![J]. Tourism Management, 29(5): 909-916.

Ramsey D, Everitt J, 2008. If you dig it, they will come! Archaeology heritage sites and tourism development in Belize, Central America[J]. Tourism Management, 29 (5): 909-916.

Reinius S W, Fredman P, 2007. Protected areas as attractions[J]. Annals of Tourism Research, 34 (4): 839-854.

Reisinger Y, 1994. Tourist-Host contact as part of cultural tourism[J]. World Leisure and Recreation, 36: 24-28.

Reisinger Y, Turner L W, 2002. Cultural difference between Asian tourist markets and Australian hosts, Part1[J]. Journal of Travel Research, 40(3): 295-315.

Richards G, 1996. Production and consumption of European cultural tourism[J]. Annals of Tourism Research, 23(2): 261-283.

Richards G, 2011. Creativity and tourism: the state of the art[J]. Annals of Tourism Research, 38 (4): 1225-1253.

Russo A P, 2002. The "vicious circle" of tourism development in heritage cities[J]. Annals of Tourism Research, 29(1): 165-182.

Schwartz Z, Stewart W, Eric A, et al., 2012.Visitation at capacity-constrained tourism destinations: exploring revenue management at a national park[J]. Tourism Management, 33 (3): 500-508.

Shetawy A A A, Khateeb S M E, 2009. The pyramids plateau: a dream searching for survival[J]. Tourism Management, 30 (6): 819-827.

Silberberg T, 1995. Cultural tourism and business opportunities for museums and heritage sites[J]. Tourism Management, 16(5): 361-365.

Smith M K, 2007. Towards a cultural planning approach to regeneration[A]//Smith M, Tourism, Culture and Regeneration. Wallingford: CAB International: 1-11.

Smith V L, 1997. Introduction[A]//Smith V L, Hosts and Guests: The Anthology of Tourism. Philadelphia: The University of Pennsylvania Press: 1-14.

Song H J, Lee C K, Kang S K, et al., 2012. The effect of environmentally friendly perceptions on festival visitors decision-making process using an extended model of goal-directed behavior[J]. Tourism Management, 33 (6): 1417-1428.

Spennemann D H R, 2007. Extreme cultural tourism from Antarctica to the Moon[J]. Annals of Tourism Research, 34(4): 898-918.

Stebbins R A, 1994. The liberal arts hobbies: a neglected subtype of serious leisure[J]. Society and Leisure, 17: 173-186.

Stebbins R A, 1996. Cultural tourism as serious leisure[J]. Annals of Tourism Research, 23(4):

948-950.

Steckenreuter A, Wolf I D, 2013. How to use persuasive communication to encourage visitors to pay park user fees[J]. Tourism Management, 37: 58-70.

Stewart E J, Hayward B M, Devlin P J, 1998. The "place" of interpretation: a new approach to the evaluation of interpretation[J]. Tourism Management, 19(3): 257-266.

Stylianou-Lambert T, 2010. Gazing from home: cultural tourism and art museums[J]. Annals of Tourism Research, 38(2): 403-421.

Ted P, Yeoh B S A, 1997. Remaking local heritage for tourism[J]. Annals of Tourism Research, 24(1): 192-213.

Tilden F, 1957. Interpreting our Heritage[M]. Chapel Hill: University of North Carolina Press.

Towner J, 1985. The grand tour: a key phase in the history of tourism[J]. Annals of Tourism Research, 12: 298-333.

Tsai W H, Chou W C, Lai C W, 2010. An effective evaluation model and improvement analysis for national park websites: a case study of Taiwan[J]. Tourism Management, 31 (6): 936-952.

van den Berghe P, Keyes C F, 1984. Introduction: tourism and re-created ethnicity[J]. Annals of Tourism Research, 11(3): 343-352.

van Der Ark L A, Richards G, 2006. Attractiveness of cultural activities in European cities: a latent class approach[J]. Tourism Management, 27(6): 1408-1413.

Wager J, 1995. Developing a strategy for the Angkor world heritage site[J]. Tourism Management, 16(7): 515-523.

Walle A H, 1996. Habits of thought and cultural tourism[J]. Annals of Tourism Research, 23(4): 874-890.

Ward C W, Wilkinson A E, 2006. Conducting Meaningful Interpretation: A Field Guide for Success[M]. Colorado: Fulcrum Publishing.

Xie P F, Osumare H, Ibrahim A, 2007. Gazing the hood: hip-hop as tourism attraction[J]. Tourism Management, 28 (2): 452-460.

Yale P, 1991. From Tourist Attractions to Heritage Tourism[M]. Huntingdon: ELM Publications.

Yan H L, Bramwell B, 2008. Cultural tourism ceremony and the state in China[J]. Annals of Tourism Research, 35 (4): 969-989.

Yang C H, Lin H L, Han C C, 2009. Analysis of international tourist arrivals in China: the role of world heritage sites[J]. Tourism Management, 31 (6): 827-837.

后　记

　　未来文化旅游会给国家考古遗址公园带来什么？这将始终是人们从不同视角来回答的问题。1999年，国际古迹遗址理事会在墨西哥通过的《国际文化旅游宪章》实际上是文化旅游发展的纲领性文件。该宪章本质上是一个保护性的宣言，为本书涉及的国家考古遗址公园和文化旅游之间的动态关系提供了指南，自始至终都在强调希望通过良好的方式了解国家考古遗址公园存在的重要性。另外，文化旅游是旅游业内发展最快、最不可或缺的一个方面，文化体验的需求会随着公众旅行需求的提高而持续高涨，也会随着公众的日渐成熟而稳定，未来这样的需求在国家考古遗址公园会持续增长。文化旅游不仅是文化遗产价值传承的重要路径，还是文化遗产可持续利用的强大工具。

　　国家考古遗址公园的遗址本体通过文化旅游的方式展示给公众，这样的展示能够强化公众对考古及文化遗产保护价值和对遗址本体独特品质的认知。大遗址是重要的景观旅游资源，其依托文化旅游的方式，将文化遗产资源转化为文化旅游产品，向公众传播历史文化知识，进而促进旅游产业的发展。国家考古遗址公园是大遗址保护与传承以及文化旅游开发与推广的共享平台。

　　总之，国家考古遗址公园从理念形成，到创新实践，再到运行管理，是个长期可持续的过程，通过文化旅游的方式充分让文物"活起来"，让公众从大遗址的价值中汲取智慧，增强中华优秀传统文化的生命力和影响力。未来，如何创新文化旅游的表现形式和表达方式、如何传播文化遗产价值、如何促进文化遗产与文化旅游的融合发展、如何延伸遗产保护与旅游融合发展的产业链条等，都是需要进一步深入分析的问题。希望本书能对国家考古遗址公园的设立和运营提供有益的探索。

附　　录

阳陵国家考古遗址公园文化旅游调查问卷

尊敬的游客朋友：

您好！为给国家考古遗址公园建设提供更多的建议与对策，更好地为您服务，我们特别组织此次对阳陵国家考古遗址公园（问卷题目设置中简称阳陵）文化旅游的调查，真诚地希望您能给予大力支持。该问卷的资料只用于学术调查，绝不泄露个人信息，感谢您在百忙之中参与我们的问卷调查。

1. 您的性别（　　）
   A. 男　　　　　　B. 女
2. 您的年龄（　　）
   A. 18 岁及以下　　B. 19～29 岁　　C. 30～39 岁　　D. 40～49 岁
   E. 50～59 岁　　　F. 60 岁及以上
3. 您的受教育程度（　　）
   A. 高中及以下　　B. 大专　　　　C. 本科　　　　D. 硕士及以上
4. 您的月收入（　　）
   A. 2000 元及以下　　B. 2001～4000 元　　C. 4001～6000 元
   D. 6001～8000 元　　E. 8000 元以上
5. 您的职业是（　　）
   A. 机关干部或公务员　　B. 经理等中高层管理人员　　C. 专业技术人员

D. 普通职员　　　E. 私营业主　　　F. 自由职业者

G. 学生　　　　　H. 离退休人员　　I. 教师　　　　J. 其他

6. 您来自（　　）

　A. 西安　　　　　　　　B. 西安外陕西省内

　C. 陕西省外中国大陆（内地）：＿＿＿＿＿省/自治区/直辖市

　D. 港澳台地区　　　　　E. 其他国家：＿＿＿＿

7. 您本次旅行的出游方式是（　　）

　A. 跟随旅游团　　　B. 单位组织　　C. 会议组团　　D. 自驾游

　E. 旅友结伴　　　　F. 其他：＿＿＿＿（请注明）

8. 您来这里旅游的目的是（可多选）（　　）

　A. 慕名前来开阔眼界　　　　　B. 陶冶性情　　　C. 休闲度假放松

　D. 对大遗址以及博物馆知识感兴趣　　　E. 了解汉代历史

　F. 工作或学习需要　　G. 结识新朋友　　H. 陪伴他人游览（政务接待）

　I. 带孩子增长知识　　J. 接受爱国主义教育　　K. 体验考古乐趣

　L. 体会这里的科技展示手段　　　M. 感受这里的自然风景

9. 为您提供解说的人员或方式是（　　）

　A. 随团导游　　　　B. 阳陵讲解员　　　　C. 志愿者

　D. 景区导览设备　　E. 其他＿＿＿＿（请注明）

10. 您是第几次来此旅游？（　　）

　A. 1次　　　　B. 2次　　　　C. 3次　　　　D. 4次及以上

主体问卷

第一部分　阳陵国家考古遗址公园认知度调查

A1 您知道阳陵的主要冠称有（　　）（可多选）

　A. 国家一级博物馆　　　B. 国家考古遗址公园

　C. 4A级旅游景区　　　　D. 全国科普教育基地

A2 当您游览完后，您认为阳陵最突出表现的是（　　）。

　A. 博物馆　　　　　B. 大遗址　　　　　C. 考古展示

　D. 遗址公园　　　　E. 全国重点文物保护单位

A3 您觉得阳陵给您留下印象最深的是（　　）

　A. 博大精深的汉文化　　　　B. 美轮美奂的出土文物

C. 独一无二的帝陵外藏坑保护展示厅　　D. 秀丽宜人的园林风光

E. 特殊的展示方式　　F. 其他

A4 您通过哪些途径了解到阳陵的有关信息？（　　）（可多选）

A. 网站　　B. 旅行社　　C. 杂志、报刊

D. 电视广播　　E. 家人、朋友　　F. 其他

A5 在阳陵参观过程中，除了专题陈列外，给您留下深刻印象的文化旅游项目是什么？（　　）（可多选）

A. 现场考古体验　　B. 汉服体验　　C. 汉代风俗展示

D. 公园特色摄影　　E. 其他

A6 您在阳陵旅游停留的时间大约是（　　）

A. 1.5 小时　　B. 2 小时　　C. 2.5 小时

D. 3 小时　　E. 大于 3 小时

A7 阳陵最吸引您的景点是（　　）（可多选）

A. 帝陵外藏坑保护展示厅　　B. 南阙门遗址保护展示厅

C. 罗经石　　D. 考古陈列馆　　E. 宗庙遗址

F. 百亩月季花　　G. 幻影成像　　H. 其他

A8 您认为阳陵作为国家考古遗址公园，最突出的功能有哪些？（　　）（可多选）

A. 科普教育　　B. 增长知识　　C. 游憩休闲

D. 陶冶性情　　E. 实习基地　　F. 其他

A9 您希望在阳陵体验的活动有（　　）（可多选）

A. 模拟考古　　B. 汉服体验　　C. 博物馆志愿讲解

D. 科普论坛讲座　　E. 陶器制作　　F. 汉文化礼俗活动参演

G. 其他

A10 您最希望在阳陵体验的文化活动是（　　）

A. 科普活动　　B. 定期历史表演　　C. 考古体验

D. 文物展示　　E. 休闲活动　　F. 其他_____

A11 如果在遗址公园开展游憩类活动，您最希望的项目是（　　）

A. 非竞技类运动　　B. 娱乐　　C. 户外散步

D. 游戏　　E. 美食体验　　F. 其他

A12 您在阳陵是否留下有遗憾的地方？若有，请写出哪些方面？

第二部分　阳陵国家遗址考古公园满意度调查

序号	调查内容	非常同意	同意	一般	不同意	非常不同意
1	大遗址的历史价值深厚					
2	遗址公园科普氛围深厚					
3	遗址展示方式先进合理					
4	遗址公园游憩条件很好					
5	自然环境优美独特					
6	能学到很多考古知识					
7	遗址保护手段先进					
8	路线引导标识清晰适当					
9	解说系统丰富生动					
10	咨询服务便利周到					
11	内外参观游线衔接适当					
12	文化旅游项目丰富多样					
13	公共厕所干净卫生					
14	休息设施充裕合理					
15	旅游纪念品丰富并有特色					
16	考古展示活动丰富多彩					
17	区位条件交通方便					
18	解说折页（印刷宣传片）获取方便					
19	多媒体信息丰富有趣					
20	宣传广告推广好					
21	重游意愿和推荐意愿强					

注：请在相应的地方打"√"

——非常感谢您接受我们的访问，祝您生活快乐，再见！——